新流行 Fashion

# 全世界都在玩的
# 自我占卜遊戲

上

命盤大揭祕&財運更比時運高&吉凶大占卜

彩色珍愛版

腦力&創意工作室◎編著

# 前　言

　　自遠古以來，人們就相信所有事物在發生之前就會有相對的徵兆，而靈感能力特別強的人可以感應到這些特殊的反應，並經由某些超自然的方式將之推測出來，這就是占卜。不要覺得占卜是虛幻無依據的，如果你相信科學能夠準確預報明日的天氣，預測火山的爆發和日食的出現，那麼有什麼理由不相信占卜的預知能力呢？

　　如果你因占卜師們神奇的能力而驚嘆，也不必沮喪你自己的平平無奇。實際上，占卜並不是占卜師所獨有的能力喔！就如同科學已經證實了人體磁場是存在的事實一樣，每個人都有著自己獨有的靈能力，而占卜正是一種適當的方法，讓你的靈能力得到最大程度的發揮。

　　占卜方法五花八門，東方有八卦易經、梅花卦數、占夢、相術、測字，西方有占星、塔羅牌、撲克牌等等。而到了今天，占卜的方法更是

大大發展，到了身邊的種種事物無不可用來占卜的地步。在本書中，你可以學到各種占卜方法，從傳統的血型、星座、生肖、銅錢、塔羅牌、撲克牌占卜，到牙籤、瓜子、鐵釘之類身邊之物的占卜，都能夠輕鬆掌握。無論是個性、運程、愛情、婚姻、工作以及學業，都可以從中找到預示：想知道你今天的事情是否順利，也許硬幣就能事先給你答案；想知道你應該從事什麼樣的工作，不同的顏色會告訴你不同的道路；想知道對方是否喜歡你，撲克牌中能夠尋找到愛的訊息。而你所需要做的，只是集中精神，按照書中的指示去做。

　　如果你相信占卜，那麼這本書會給你最好的參照，讓你獲得來自靈感的啟示，就算你不信，它也可以給你新鮮而特別的體驗。現在，就讓我們好好體會占卜帶來的魔力，感受人類自身潛能的神奇之處吧！

目錄
# CATALOGUE

上篇

般若波羅蜜，God loves me——

# 自我命盤大揭祕

# 不同血型，不同性格

　　從出生開始，血型就伴隨了我們一生，為我們的生活打下深深的烙印，影響了我們的性格，不同的性格和行為方式，總能在血型中找到根據。

## 【解答】

### A型

　　性格沉穩，做事謹慎，條理分明，很能為人設想，對於周圍的人都非常友善，樂於助人，因此很得周圍人的尊敬。但A型的人太愛自我壓抑，導致性格優柔寡斷，內心膽怯，常常有杞人憂天的毛病，顧慮太多。如果面對自己喜歡的人，害羞的A型人是不敢表白的，但只要看到

他緊張臉紅的樣子，也就很清楚了。

　　A型人最討厭對方不理解自己的心意，與A型人談話千萬不要貿然下結論，也別發出太多離經叛道的論調，會令他反感。另外，A型人害羞而內向，因為也很討厭太過露骨的表達方式，過度的恭維反而會造成反效果。特意製造驚喜的方式也千萬別用在A型人身上。A型人雖然十分謙遜，但卻是很愛記仇的，如果你冤枉了他，會讓他記恨很久，另外，也千萬別批評他的家族和情人。

　　身體方面，要注意呼吸器官、神經系統、消化器官、關節等方面疾病。

## B型

　　生性大方爽朗，好動，愛自由，討厭被束縛，幽默風趣，很有自己的想法，有獨創性的一面。B型多數是樂天派人物，雖然失敗會讓他們沮喪但很快又能重新站起來，恢復活力。對於初次見面的人，B型總希望給對方留下好印象，但如果在之後的交往中他對你講述自己的故事和興趣的話，那麼就表示他對你頗有好感。

　　B型人討厭被束縛的感覺，在工作中，如果交代他做某些事，只要交代大原則即可，如果對於細節規定太細會引起其反感；如果是約會的話，必須按照他的步調進行，如果計畫得太長遠，會讓他有被束縛的感覺。另外，B型還很討厭被人忽略，他喜歡在朋友中高談闊論，而對方也必須對他的幽默有所反應，對於不太熟的朋友，他也會非常熱情，也是因為這個原因。

　　身體方面，需要注意消化器官、骨骼、肌肉等方面的疾病。

## AB型

　　理性、冷靜、坦白，為人溫和，善於與人交往，樂於助人。但有時遇事衝動，又固執到毫不通融，有時溫柔有時冷淡，令人難以捉摸。冷漠且乾脆的AB型人，就算對對方有好感也不會表達出來，依舊會是一副冷漠的樣子，但如果你發現他在偷偷觀察你的行動，那麼他肯定是對你有好感了。

　　AB型人最討厭被人批評，不論是當著他的面指責他的壞處，還是和別人傾訴對他的不滿，都會讓他非常生氣。另外，如果已經委託AB型人辦的事，就千萬別再轉託他人了，否則也會讓他抓狂的喔！

　　身體方面，宜小心呼吸器官、內分泌系統、腹部等疾病。

## O型

　　乾脆爽朗，直覺敏銳，生命力旺盛，鬥志昂揚，邏輯判斷能力強，凡事只要決定了不達目的絕不甘休，是個典型的現實主義者。但是，一旦你成為他的朋友，就會發現他對喜歡的人是非常講感情的。如果遇上喜歡的人，O型人會表現出自己最好的一面，舉出他們得意的事，設法給對方留下好印象。

　　O型人最討厭別人對自己頤指氣使，若是和他交談，千萬不能表現出高人一等的樣子，否則必定引起他的反感，如果請求他辦事，協商或懇求才是最好的方法。另外絕對不可以在O型情人面前對其他異性示好，會引發他的妒意。如果想指責他某些不對的地方，也需要用委婉的方法進行。

　　身體方面，要小心消化系統、新陳代謝方面的問題，當心肥胖。

# 趣味圖形看你的潛藏想法

　　給你三種圖形：○形、△形、□形。請將紅、粉紅、黃、藍、綠、橙、紫、褐、白、黑這十種顏色，按照你的直覺和喜好選擇三種分別填塗到三種圖案中去。然後許個願，往下看一看它能告訴你什麼吧！

## 【解答】

### ○形：圓形所代表的，是你的本來面目。

　　紅——你是個開朗、活潑、精力充沛的人，魅力十足。

　　粉紅——妳是充滿女人味的小女人。

　　黃——你頭腦靈活又有幽默感，是個有智慧、有品味的人。

　　藍——你知性又有品味，而且絕不高傲。

　　綠——你溫柔體貼、善解人意，人人都喜歡。

　　橙——你開朗而充滿親和力，人緣極佳。

　　紫——你富有藝術眼光，品味獨特。

　　褐——你對待生活和工作都認真慎重，因此贏得了別人的信賴及尊敬。

　　白——你正直善良，心靈清澈。

　　黑——你或許不太開朗，但內心溫柔敏感。

### △形：你理想中的「未來」。

　　紅——小孩是你生命中最重要的。

　　粉紅——你們彼此愛護，愉快地享受愛情和生活。

　　黃——最重要的是能夠彼此溝通，相互瞭解。

　　藍——各司其職、按部就班的生活對你來說很無趣。

綠──家庭生活舒適平和，沒有風波。

橙──一個開朗的家庭，要有很多的成員，熱鬧的生活。

紫──婚姻需要從愛情開始，但一定要互相尊重。

褐──容貌和愛情雖然缺一不可，但也必須要有穩定的經濟收
　　入和完善的規劃。

白──喜歡自由，不願受婚姻束縛。

黑──對某些人還是遠遠避開的好。

## □形：代表你對婚姻、家庭的看法。

紅──生活雖然忙碌而辛苦，但很充實。

粉紅──你充滿活力，渴望著浪漫戀愛。

黃──你性格活躍，適合從事管理的工作。

藍──積極發揮你的才能，為工作注入活力吧！

綠──你會擁有溫馨的家庭及穩定的工作。

橙──你永遠是眾人的焦點，像太陽一樣光芒四射。

紫──你喜愛一切美的事物，善用直覺。

褐──你生活富足健康，擁有卓越的地位及幸福的家庭。

白──你的生活雖然簡單，但精神上是富足的。

黑──現在的生活已經讓你精疲力盡，使你不再去想未來。

另外，你所塗的顏色，也分別代表你的幸運色喔！

○形所塗色是你服飾的幸運色；△形所塗色是你隨身用品的幸運色；□形所塗色是你室內裝飾品的幸運色。

# 十二生肖大占卜

## 【解答】

### 鼠

　　老鼠是繁殖力最強的動物，古時漫山遍野都是，過去古人上山打獵都是從吃鼠肉開始，以獵犬追咬山鼠，所以造字時「獵」字便是以犬與鼠組成。

體缺：有牙無齒。

優點：聰明機智，直覺強，反應快，多才多藝，利慾心強，有很強的環
　　　境適應力和應變能力。活潑伶俐，討人喜愛，對任何事情都有好
　　　奇心，處事靈活，善於多角經營。女性特別喜愛乾淨，會將家裡
　　　收拾得一塵不染。

缺點：缺乏膽識，做事魄力不夠，缺適當指揮能力。本性善良但個性桀
　　　驁，且待人態度不是很禮貌。善於投機取巧，愛挑剔，心胸不夠
　　　寬大。有晚睡習慣。

大吉婚配：牛、龍、猴。

忌婚配：兔、馬、羊、雞。

# 牛

　　牛是農耕時代最重要的牲畜，任勞任怨，最聽主人使喚，絕不會亂
跑。依六道輪迴說，出生為牛是來贖罪的，所以牠與犯人一樣，被綁在
樹下或關在一個地方不會亂跑。所以造字時，以不會亦不准亂跑者為
「牢」，道理在此。

體缺：有牙無齒。

優點：踏實穩定，謹慎小心，不易受他人或環境影響。事業心強，做事
　　　前會有周詳的考慮，且信念十足，耐心又夠，因此往往能夠成就
　　　自己的事業。內心有強烈的表現慾，是天生的領導人物。重視家
　　　庭和工作，看重子女教育，女性持家有方，是傳統的賢內助。如
　　　果婚姻生活不順，則會將經歷投入到工作中，成為優秀的企業
　　　家。

缺點：固執己見，沉默寡言，喜歡我行我素，不知變通，毫無情趣。經
　　　常忘記準時用餐，容易有腸胃問題。女性太過拘謹冷漠，嬌柔不
　　　足，若能夠積極一點，在感情上會比較順利。

大吉婚配：鼠、蛇、雞。

忌婚配：龍、羊、狗。

# 虎

老虎有一個天性，只要吃飽了就不會再動，而是積蓄力量休息，因此老虎要等到肚子餓時才出來走動，被牠鎖定的目標在一百五十公尺以內時，就會以最快的速度捉住獵物，超過太遠是不會採取行動的。因此造字時，快遞的「遞」字從虎，就是此道理。

體缺：有頸無項。

優點：自信十足，熱情勇敢，性情坦白磊落，充滿英雄氣概。外表不怒而威，喜歡冒險，性格剛毅，越挫越勇，絕不認輸，屬領導型人物。樂於參與活動，好出風頭。天生喜歡接受挑戰，不喜服從他人，卻要別人服從自己。

缺點：性格叛逆，喜歡獨來獨往，相交雖多卻無法深交，太過自信，有時表現極端。專橫霸道，男性缺乏浪漫情調，對待妻子也使用獨裁手腕，影響夫妻情感。對任何事不善先做準備，投資上比較短視，總是期望短期內就能獲利。鄉村家畜生產時不讓肖虎者看，因為他的磁場會令母畜感到不安。

大吉婚配：馬、狗。

忌婚配：蛇、猴、豬。

# 兔

兔子生性膽小，很注意保護自己，所以狡兔三窟，而「冤」字正是兔而無穴，所以才容易被吃。

體缺：無唇。

優點：性格保守，心思細密，頭腦冷靜，個性溫柔體貼，富於同情心，

能體諒別人。喜歡平靜安寧的生活，極為重視家庭，討厭與人爭執，很難動怒。有語言天才與犀利的口才，善於交際，在社交場上頗受歡迎。講究美觀，家庭佈置和陳設都很考究。

缺點：缺乏決斷力，遇事容易猶豫，又不善於深入鑽研。表面溫和但內心相當固執。凡事過於謹慎，不願向人吐露心事，具有逃避現實的傾向。有大眾情人心態，容易產生感情糾紛。尤其是女性太過多愁善感。

大吉婚配：羊、狗、豬。

忌婚配：鼠、龍、馬、雞。

## 龍

龍是皇帝的象徵，人人都要聽他的意旨。但龍缺耳朵，屬龍的人很主觀，什麼事都以自己的判斷為依據，完全不聽別人的意見，故造字時龍下加耳還是聽不見，這就是「聾」。

體缺：缺耳。

優點：體魄強健，精力充沛，理想高遠，有領導才能，凡事都想做到十全十美。凡事不服輸，自我意識強烈，為人坦誠不虛偽，但不喜受人命令，喜歡獨自行事。女性豪爽、熱情、慷慨，善解人意，男性有大男人主義。

缺點：夢想太多而近乎幻想，情緒不穩定，性格傲慢。桃花運不斷，但極少去真心愛別人，只會使人傷心。太過自負，總是自覺優秀而毫不留情的批評他人，一旦失敗又承受不起挫折，一蹶不振。

大吉婚配：牛、雞。

忌婚配：虎、猴、豬。

# 蛇

　　蛇無足但善鑽洞和橫行，是很有靈性的動物，而且在十二生肖中，蛇是唯一的冷血動物，所以生肖屬蛇的人都有冷靜的一面，不善與人爭吵。蛇會蛻皮，所以「蛻」字便是蛇的脫殼。

體缺：無足。

優點：冷靜沉著，風度翩翩，有堅持到底的決心，善於辭令。天生有很
　　　強的第六感和感知能力，對事物的判斷力很強，因此很善於抓住
　　　機會，創造屬於自己的事業，但若缺乏合作精神，則容易失敗。
　　　生性低調，不會炫耀自己的才能，只是按部就班的照計畫行事。
　　　冷靜自持，不易動怒。對金錢慾望很強，但金錢運也很好，從不
　　　缺錢用。

缺點：表面態度溫和，其實極為頑固。看似冷漠，難以親近，不隨便與
　　　人交往，也不輕易表露真心，佔有慾很強，且個性上有柔弱的一
　　　面。情緒不定，感情易生波折。生性虛榮，常帶懷疑的眼光。

大吉婚配：牛、雞。

忌婚配：虎、猴、豬。

# 馬

　　馬天生膽小，是站立睡覺，遇有危急立即可跑，頗具危機意識。而母親照顧孩子，是要有危機意識的，所以「媽」字是由女字與馬字組合而成。

體缺：無膽。

優點：性格開朗熱情、樂觀爽朗、頭腦靈活、身體敏捷，追求浪漫。做

事積極，有股不服輸的精神，即使遭受挫折也會堅持到底。交遊廣闊，樂於照顧人，有英雄主義，愛打抱不平，很有領導能力和演講才華。重視容貌，講究穿著。愛情表現直率，異性緣多在遠方。

缺點：太過主觀，不能接受別人的建議。討厭被束縛。不善理財，愛慕虛榮，只知開源而不懂節流。脾氣暴躁，血氣過旺，容易沉迷於酒精或賭博。需要別人的稱讚和崇拜。對男性來說愛情是生命的一部分，而對女性來說則是全部。

大吉婚配：虎、羊、狗。

忌婚配：鼠、牛、兔、雞。

## 羊

羔羊跪乳，在人們心中是孝順的代表，另外羊對人有很大的貢獻，故羊對人是吉祥之象。故造字時吉祥的字都有羊，比如吉祥的「祥」字。

體缺：無瞳孔。

優點：心思細密，凡事考慮周到，做事慎重。刻苦耐勞，有進取心，忍耐力強。個性溫柔，善於交際，因此能獲得貴人扶持。個性內向，外柔內剛，孝順父母，生活節儉，一生勞碌。偏好神祕色彩，相信鬼神之說，多半是虔誠的教徒。如是女性通常是身材勻稱、五官端正的美人，心地善良、愛照顧人。

缺點：個性柔弱羞怯，但又頗有些固執。有時太過悲觀，遇事猶豫不決，容易聽天由命。喜聽阿諛奉承之語。

大吉婚配：兔、馬、猴、豬。

忌婚配：牛、龍、狗。

## 猴

　　猴是無臀的，所以坐不住，善於變動，在社會上經常換工作的以屬猴的最多，因為猴子有善變、多計謀、狡滑偽善的個性，與古時諸侯性質很相近。古時諸侯們各據一方，個個多計謀善變，狡滑欺詐的事各盡己能，所以當初形容各據一方的霸主如一群猴子的王一樣，善指揮應變，因而諸侯的「侯」字是將猴的犬去除，代表人而成「侯」，其道理在此。

體缺：無臀。

優點：頭腦聰明，性格活潑好動，反應靈敏，記憶力驚人，有俠義精
　　　神。社交手腕高明，能言善辯，善於交友，有極強的自我表現
　　　慾，不喜歡被人控制，喜愛追求新鮮。非常適合演藝和推銷工
　　　作。男性精力充沛，機智勇敢，對環境變化有很強的適應能力。

缺點：性格貪玩且缺乏毅力，目光短淺，依賴心太重，做事不能堅持。
　　　不腳踏實地，愛說大話，投機心理太強。猴年生人無論說話、做
　　　事一定要誠實、踏實，否則會敗得一塌糊塗。

大吉婚配：鼠、龍。

忌婚配：虎、蛇、豬。

## 雞

　　雞的任務是在早晨鳴叫，喚人起床，所以屬雞的人必定要有恆定的毅力。而世間百業中以雕刻最需要毅力，所以造字時「雕」字從雞。

體缺：無胃。

優點：勇敢風趣，機智多謀，熱情慷慨，好勝心強，極有毅力。交友廣闊，善於言辭，說話坦白，善於辯論又具說服力。講究穿著，新潮時尚，看不起那些不修邊幅的人。凡事不願落後，富於責任感，嚴守紀律，做事很穩定。愛好別人恭維，同時喜歡讚美別人。坦白活躍，專心一意，勤奮。個性好勝專注，凡事不願落人之後，頭腦反應快。深思熟慮勤奮能幹，富責任感嚴守紀律，討厭遊手好閒的人。

缺點：做事往往是紙上談兵，少有心動。處事樂觀但刻薄短視，太過自以為是。說話不顧別人的感受，不接納意見，喜怒太過溢於言表。喜歡嘮叨，心胸狹窄，性情急躁，愛慕虛榮。

大吉婚配：牛、龍、蛇。

忌婚配：鼠、馬、兔。

## 狗

狗是人類最忠實的朋友，因此凡是對人不忠不實者，必遭人與狗的抗議，要關起來，故此「獄」字左右以犬抗議而組成。

體缺：腸短。

優點：純樸正直，豪爽勇敢，忠實可靠，正義感十足。行動敏捷，反應靈活，勤勉敬業，具有遠大志向，有領導才能。待人友善，風趣詼諧，樂於助人，以正義使者自居，因此很受人尊重。明是非，絕不會為了自身利益做出違背道義的事。對感情忠貞不二。

缺點：在現實中缺乏行動力及判斷力，不可獨斷獨行否則易遭極大挫折。感情起伏大，易躁易怒，逞強鬥狠，善猜疑喜挑剔。喜愛批評別人。有時會莫名的自我封閉或沉默不語。

大吉婚配：虎、兔、馬。

忌婚配：牛、龍、羊、雞。

## 豬

　　屬豬者非常重眠，只要睡眠充足便精力充沛，反之則百病叢生。又豬的個性坦白、直率不善隱瞞，故造「糞」字為揭示之意，「揭糞於世」亦即公佈。

體缺：體筋。

優點：心地善良，真誠正直，光明磊落，樂天知命。智力過人，求知慾強，沒有什麼競爭意識，但不需過分操勞便可維持生計。絕不會出賣朋友，對真正的朋友會照顧得無微不至，因此人緣極佳。最能容忍別人譏笑，逆來順受。女性非常重視家庭。

缺點：貪玩無進取心。容易衝動，缺乏溝通協調精神。對人沒有猜疑而常受騙上當。不善交際。女性好猜疑嫉妒、氣短淺見。屬豬者最惡劣的個性就是會存心搗蛋，絕不會中途而廢，一定會弄到別人一敗塗地方肯甘休。

大吉婚配：羊、兔。

忌婚配：蛇、猴、虎。

# 看看你的個性密碼

　　想知道你的真實性格是什麼樣嗎？做完下面的題目，將你的分數加起來就知道了。

（1）若是給你一塊地蓋養老用的房子，你會蓋在哪？

　　　A、河邊（8分）

　　　B、湖邊（8分）

　　　C、森林裡（10分）

　　　D、小河邊（15分）

（2）吃西餐時，你會先吃哪一樣？

　　　A、麵包（6分）

　　　B、沙拉（6分）

C、飲料（6分）

D、肉類（15分）

（3）如果碰上節日慶祝要喝飲料，你覺得下面哪種搭配比較適合你？

　　A、情人節vs葡萄酒（1分）

　　B、新年vs牛奶（6分）

　　C、國慶日vs威士忌（6分）

　　D、耶誕節vs香檳（15分）

（4）你通常什麼時候洗澡？

　　A、早上起床時（3分）

　　B、看完電視後（6分）

　　C、沒有特定時間（6分）

　　D、上床前（8分）

　　E、吃完晚飯後（10分）

　　F、吃晚飯前（15分）

（5）如果你可以變成天空中的一種，你希望變成什麼呢？

　　A、太陽（1分）

　　B、月亮（1分）

　　C、星星（8分）

　　D、雲朵（15分）

（6）你覺得用紅色筆寫的「愛」字比用綠色筆更能代表真愛嗎？

　　A、是（1分）

　　B、否（3分）

（7）你喜歡哪種顏色的窗簾？

A、黑色（1分）

B、黃色（1分）

C、橙色（3分）

D、藍色（6分）

E、綠色（6分）

F、白色（8分）

G、紫色（10分）

H、紅色（15分）

（8）你最喜歡哪種水果？

A、葡萄（1分）

B、櫻桃（3分）

C、柿子（3分）

D、梨子（6分）

E、哈密瓜（6分）

F、橘子（8分）

G、葡萄柚（8分）

H、蘋果（10分）

I、木瓜（10分）

J、香蕉（15分）

K、鳳梨（15分）

（9）如果你變成下面的動物，你希望你身上長出什麼顏色的毛呢？

A、大象vs綠毛（1分）

B、貓咪vs藍毛（6分）

C、狐狸vs黃毛（6分）

D、獅子vs紅毛（15分）

（10）你會為了名利、權位，刻意討好上司或朋友嗎？

A、不會（1分）

B、會（3分）

（11）你認為朋友比家人更重要嗎？

A、不是（6分）

B、是（15分）

（12）如果你是一隻白蝴蝶，你會想停在哪種顏色的花上呢？

A、黃色（3分）

B、紫色（6分）

C、粉紅色（8分）

D、紅色（15分）

（13）無聊時，你會看什麼電視節目？

A、連續劇（6分）

B、電影頻道（10分）

C、綜藝節目（10分）

D、新聞節目（15分）

E、體育節目（15分）

## 【解答】

### 40分以下：現實、自我。

你是個很有心計的人，對任何事都充滿企圖心，總是想表現自己，

因此能夠為自己創造一番天地。但有時因為你太過主觀，只為自己打算，又不願意告訴別人自己的想法，會讓人覺得你自私自利，於是會造成人際關係方面的壓力。學著不要太過固執己見，試著考慮別人的感受，才能讓你活得更開心。

### 40～59分：孤寂。

你對於現實不滿，覺得找不到生活的目標，而且沒有人瞭解自己。其實你很喜歡在人群中，但人多又會讓你不知道該怎麼表現自己，覺得慌亂。你不善於表達自己的情緒，不懂得與人相處，有時你會為了他人委屈自己，但又因為自己的情緒不能表達而遭到壓抑，造成自閉。學會如何發洩情緒與傳達自己的意見，是首先需要學習的。

### 60～78分：理性淡定。

你做事謹慎認真、公私分明，熱愛自由，討厭束縛，是個冷靜自持的人。你與世無爭，只要自己生活的安定，不會去計較太多其他的事。但你自我保護太過，覺得什麼事都能自己扛過去，因此有時寧願獨自承受壓力，也不願向好友傾訴自己內心的祕密。

### 79～89分：感性。

你表達能力極強，擁有豐富的想像力，充滿夢想。但你個性優柔寡斷，又一味跟著感覺走，因此你容易沉醉在羅曼蒂克與甜言蜜語之中，對愛情總是既期待又怕受傷，容易胡思亂想。

### 90～100分：領導者。

你喜歡思考，做事條理分明，熱愛學習，永遠都在追求完美。但你

也喜歡命令別人，非常反感他人的質疑，一旦輸給別人會令你無法接受。

## 100分以上：**積極熱情。**

你熱情開朗，做事乾脆俐落，又樂於助人。你勇於追求自己的理想，從不放棄希望，就算是挫折失敗也只會讓你更加努力。和你在一起會讓人充滿生機和活力，你對生活的積極態度和你的友善會讓人都樂觀起來，因此大家都願意親近你。但是，你太過坦然直接和不拘小節的性格，有時會讓你有些孩子氣。

# 妳是哪種性感小女人

　　女人總是希望自己時刻都能展現出最吸引人的一面，成為眾人的焦點，不過，究竟妳的魅力何在呢？測試一下，讓你更好的認識妳自己的優勢吧！

## 占卜方法：

　　每一題的答案轉到相對的題目。

（1）有令妳心動的男孩在場時，妳會：

　　　變得格外興奮，極力表現——接Q2

　　　變得害羞、緊張、不自然——接Q3

（2）妳是否特別在意約會地點的環境與氛圍？

是的，這是我是否答應約會的原因——接Q4

只要是喜歡的人，在哪裡都無所謂——接Q5

（3）不喜歡的人向妳示愛，妳會：

婉言謝絕，並表示他會有更好的選擇——接Q6

直接回絕，甚至不聽他把話說完——接Q7

（4）妳相信童話一樣浪漫完美的愛情故事嗎？

相信——接Q8

不信，那都是杜撰出來的——接Q9

（5）妳有過長時間艱苦的等待只為獲得偶像簽名的經驗嗎？

有——接Q10

沒有——接Q9

（6）妳喜歡與他一起參加聚會還是只願與他單獨待在一起？

參加聚會——接Q7

兩人單獨待在一起——接Q8

（7）妳什麼事總能想到他嗎？

是的——接Q11

很難——接Q10

（8）和他說話時，妳會不會突然變得特別溫柔？

是的——接Q12

不會，還是往常那樣——接Q13

（9）妳相信星座嗎？

相信——接Q14

不信——接Q15

（10）在他面前，妳會不會時常講述自己與朋友們的趣事？

　　　　是的——接Q11

　　　　很少提起——接Q14

（11）妳打電話找他時正好他的電話關機，妳會不會追問緣故？

　　　　是的，我會問一下——接Q16

　　　　不會，也許他的手機正好沒電——接Q17

（12）妳能守得住祕密嗎？

　　　　能——接Q15

　　　　好像不能——接Q18

（13）妳小時候的毛絨玩具都還在嗎？

　　　　是的——接Q16

　　　　早就不知道到哪裡去了——接Q17

（14）妳覺得金錢對於愛情重要嗎？

　　　　是的，非常重要，那是必要的基礎——接Q17

　　　　從沒考慮過——接Q19

（15）妳做過身穿婚紗走在紅毯上的夢嗎？

　　　　是的，做過——C

　　　　沒有——F

（16）一個人沒事的時候妳會選擇：

　　　　逛街——A

　　　　在家看書或是看電視——B

（17）妳會主動對父母說起自己感情方面的事情嗎？

　　　　是的——D

很少，就算父母問也不一定會說──E

（18）妳常向好朋友說起自己的煩心事嗎？

是的──A

不會──E

（19）做錯了事，男友埋怨妳，妳能接受嗎？

能──B

不能──C

（20）妳有沒有將自己的男友打造成升級版的計畫？

有──D

沒有──F

## 【解答】

A、妳是熱情活潑、時尚前衛的性感小女人。

B、妳是親切善良、溫柔優雅的性感小女人。

C、妳是書卷味與藝術氣息十足的性感小女人。

D、妳是嬌柔可人、多愁善感的性感小女人。

E、妳是善解人意、紅顏知己型的性感小女人。

F、妳是精靈古怪、調皮野蠻的性感小女人。

# 生命靈數大揭祕

　　每個人都有自己獨有的星座、生肖和血型，它決定了我們的個性、觀念，乃至今後的命運等等許多許多東西，不過你知道嗎？每個人還有一個屬於自己的密碼，它同樣會影響每個人的性格，這就是生命靈數。

　　先學著計算你的生命靈數吧！將你出生年月日的八個數字相加，會得到一個十位數，再將這個數的個位與十位相加，最後得到的數就是你的生命靈數。比如說生日是1981年12月26日，生命靈數就是1＋9＋8＋1＋1＋2＋2＋6＝30，3＋0＝3，也就是3。

　　不同的生命靈數對性格生成會有不同的影響，如果有時候你覺得你的性格與星座不太相符的話，那也許是生命靈數在作怪。下面就對照你的星座和生命靈數，來看看你的真實個性喔！

# 【解答】

## 牡羊座：

生命靈數1：你是個主觀意念很強的人，只想著自己想做的事。

生命靈數2：你的個性比較害羞，會在意別人的眼光。

生命靈數3：你喜歡表達自己的想法，但別忘了多聽聽別人的意見。

生命靈數4：你是個腳踏實地的人，一直在為了未來而努力。

生命靈數5：最愛玩的牡羊非你莫屬，尤其喜歡到處去湊熱鬧。

生命靈數6：你很固執，尤其是遇到感情上的問題。

生命靈數7：你如果覺得自己有道理就非常堅持，不聽別人的意見。

生命靈數8：你在學習和工作上非常投入，期望獲得實際的成就。

生命靈數9：你是不切實際的人，但你的熱情能夠將不可能變為可能。

## 金牛座：

生命靈數1：你很有主見，也有很強的行動力，做事情不喜歡別人干
涉。

生命靈數2：你很重視人際關係，也比較容易受別人的影響。

生命靈數3：你是金牛座中比較靈活的那個，喜歡發表自己的獨特觀
點。

生命靈數4：你是金牛座中最固執的，想法常常和別人不太一樣。

生命靈數5：你多才多藝，如果能好好發揮一定會很有成就。

生命靈數6：你是最念舊的金牛座，對於自己重視的東西會非常呵護。

生命靈數7：你性格有些叛逆，有自己的想法，不容易被別人說服。

生命靈數8：你很重視實際層面的成就，會努力讓自己成功。

生命靈數9：你是金牛座中最有夢想的，但是要多學習如何在現實中實現它。

## 雙子座：

生命靈數1：你喜歡自由自在，但會沉迷於自己感興趣的東西。

生命靈數2：你最喜歡與別人溝通，不過很容易受外來的影響。

生命靈數3：你是雙子座中最為多才多藝的，什麼東西都是一學就會。

生命靈數4：你看似隨和，其實對自己的生活很有計畫。

生命靈數5：你天生坐不住，喜歡到處亂跑，所以交友滿天下。

生命靈數6：你是雙子中最講感情的，尤其重視老朋友之間的感情。

生命靈數7：你是雙子中最刁鑽古怪的，常有些讓人意想不到的奇怪問題。

生命靈數8：你喜歡享受生活，特別注重自己的生活品質。

生命靈數9：你是雙子中最會胡思亂想的，同時也是比較熱情的。

## 巨蟹座：

生命靈數1：你個性上有點自閉，所以難以和別人有好的交流。

生命靈數2：你很看重別人的意見，但要小心因此喪失自我。

生命靈數3：喜歡感情上的表達與溝通，在藝術上有不錯的天分。

生命靈數4：你是巨蟹座中比較龜毛的，尤其重視自己生活的規律。

生命靈數5：你喜歡自由，不能受到太多拘束。

生命靈數6：你是巨蟹座中最重感情的，但對感情要求完美。

生命靈數7：你是巨蟹座中想得最多的，性格也極為固執。

生命靈數8：你很重視現實上的成就與穩定，會努力讓自己的生活更

好。

生命靈數9：你是巨蟹座中最熱情的那個，但剛到新的環境會比較害
羞。

## 獅子座：

生命靈數1：你是獅子座中最為自我的，但要小心因此造成人際問題。

生命靈數2：別人的肯定對你來說非常重要，但切不可失去自我。

生命靈數3：你是獅子座中最愛表現自己的，在人際關係中八面玲瓏。

生命靈數4：你是隻固執的獅子，而且在行動上比較缺乏冒險精神。

生命靈數5：最熱愛自由的獅子就是你啦！

生命靈數6：你是獅子座中比較龜毛的，尤其是感情的表達上會顯得害
羞。

生命靈數7：你雖然主觀，但還是很有思想的。

生命靈數8：你是一個講究生活品味的人，喜歡從容優渥地過日子。

生命靈數9：你的熱情很容易感動別人，在人群中常是最受歡迎的那一
個。

## 處女座：

生命靈數1：你有點孤僻，常常覺得別人不瞭解你。

生命靈數2：你很注重別人的意見，待人誠懇。

生命靈數3：能力頗佳的你很適合擔任發言或主持的職務。

生命靈數4：你容易自我束縛，放開一點比較好。

生命靈數5：你是外向的處女座，有許多朋友，但知心的並不多。

生命靈數6：你是非常非常念舊的人，尤其在感情上，常常難以割捨。

生命靈數7：你的個性比較剛直，不過在與人相處時還是要多體諒別人喔！

生命靈數8：你是比較圓滑的人，很瞭解應該如何與人交往。

生命靈數9：你對自己喜愛的事情非常狂熱。

## 天秤座：

生命靈數1：你是天秤中比較獨立的，在決定事情時也不會猶豫不決。

生命靈數2：你是最需要別人陪伴的天秤座，孤身一人會讓你感到不安。

生命靈數3：你是最有才華的天秤座，在藝術領域有不錯的天分。

生命靈數4：天秤中你最重視實際，也是比較有責任感的。

生命靈數5：你最愛玩了，所有有趣的事你都不會放過。

生命靈數6：你最忠實感情，感情的順利與否對你來說非常重要。

生命靈數7：你是天秤中最喜歡思考的，總是期望找到處理事情的最好方法。

生命靈數8：你很重視生活的感覺，也不能忍受太差的生活環境。

生命靈數9：你腦海中充滿著不切實際的想法，而且熱情常常無法持久。

## 天蠍座：

生命靈數1：你很重視自己的目標，不會理會身邊的人在做什麼。

生命靈數2：你很在乎兩人關係上的忠誠，會全心全意的對待另一半。

生命靈數3：人際關係的處理是你的專長，與人溝通對你來說從不是問題。

生命靈數4：你是非常非常固執的，一旦決定的事就難以改變。

生命靈數5：你是天蠍座中最開朗的，也是最容易與大家打成一片的。

生命靈數6：你是個完美主義者，尤其重視感情方面的經營。

生命靈數7：你想的很多，常常會意識到別人忽略的問題。

生命靈數8：你很重視自己的社會地位，認為是屬於自己的就會去努力
　　　　　　爭取。

生命靈數9：你對於自己喜歡或相信的事是非常狂熱的。

## 射手座：

生命靈數1：你的行動力很強，一旦有認定的目標就會立刻行動。

生命靈數2：你善於與人溝通，因此常常能得到別人的幫助。

生命靈數3：你在藝術上相當有才華，不妨好好發揮。

生命靈數4：你很有自己的想法，也是射手座中最重視生活規律的。

生命靈數5：你是個閒不住的人，一直待在同一個地方會讓你憋悶。

生命靈數6：你是很重視親情的人，在人際交往上也很擅長喔！

生命靈數7：你想得太多，又有點固執，很容易疑神疑鬼喔！

生命靈數8：你很希望能有所成就，獲得優渥的生活環境。

生命靈數9：你是最好的party主人，很受大家歡迎。

## 魔羯座：

生命靈數1：你的自尊心很強，會默默的努力讓自己有所成就。

生命靈數2：你覺得友情和愛情都是生命中極重要的事。

生命靈數3：只要你多加努力就能展現出自己的才華，會很有成就喔！

生命靈數4：你很重視腳踏實地的生活，會努力讓自己生活穩定下來。

生命靈數5：你是魔羯座中比較開朗的那一型。

生命靈數6：對你來說，穩定的生活就表示有穩定的感情。

生命靈數7：你很聰明，但有時會因情緒化而下錯判斷。

生命靈數8：你渴望功成名就，會努力實現自己的目標。

生命靈數9：只要是自己想做的事你就非常投入，不過有時會忘了其他。

## 水瓶座：

生命靈數1：你是最自閉的水瓶座，有時候會顯得太過我行我素了些。

生命靈數2：你比較容易受到別人的影響，幸而不會失去自己原本的主張。

生命靈數3：你是個多才多藝的人，而且很擅長與人溝通。

生命靈數4：你習慣於維持某一種生活方式，不喜歡變化。

生命靈數5：你的朋友很多，可是你常常會讓人找不到。

生命靈數6：你是比較重感情的水瓶座，但桃花運也旺，感情問題比較多。

生命靈數7：你是水瓶座中最理性的，但要記得太聰明的話並不一定太討人喜歡喔！

生命靈數8：你是水瓶座中比較重視物質的，會去追求自己所想要的生活。

生命靈數9：你的理想非常高遠，如果持續努力，成功的機會是很大的。

## 雙魚座：

生命靈數1：你容易沉溺在自己的世界，忘記身邊還有別人的存在。

生命靈數2：你很容易受到別人的影響，而忘記了自己原本的目標。

生命靈數3：你是天生的藝術家，但太不關注現實了。

生命靈數4：你希望能過穩定的生活，討厭太過混亂的日子。

生命靈數5：你沒什麼目標，幾乎什麼事都會去嘗試，但都不長久。

生命靈數6：感情是你最煩惱的事，常常因此而受到打擊或挫折。

生命靈數7：你想得很多，尤其是自己的事情，會非常主觀。

生命靈數8：你是喜歡享受的雙魚座，對於小事都非常的注意。

生命靈數9：你對於某些事都抱著很大的興趣，但過度的話會顯得偏
　　　　　　執。

# 嘴唇形狀看個性

俗語說：「男兒嘴大吃四方」、「女子嘴大食窮郎」，此話雖有開玩笑的成分，但卻可見一直以來中國人就認為嘴唇可以透露一個人的性格、習慣、健康乃至命運。比如說覺得嘴唇殷紅的女性代表吉利，而紫色唇則表示淫相或者易患心臟病。那麼，嘴唇的形狀到底蘊含著什麼樣的性格特徵呢？

## （1）嘴唇輪廓大。

嘴唇大表示膽量大，說明此人有衝勁，對生活充滿熱情。

## （2）嘴唇輪廓小。

嘴唇小表示處事謹慎、保守，但也因此很難成就大事業。

## （3）唇厚的女性。

唇厚的女性對各種事情都很擅長，能夠處理得當，而且重視感情。

## （4）上唇厚。

上唇厚的人重視戀愛，作風大膽，若為男性情深義重，女性則風情萬種，上唇越厚則越懂異性心理。

## （5）下唇厚。

一切以自我為中心，但終生順利。

## （6）唇薄。

唇薄者很善於隨機應變，而且吃苦耐勞。

## （7）上唇太薄。

此類人對愛情淡漠、被動。

## （8）嘴唇太薄且大。

多酗酒，且容易酒精中毒。

# 血型看說話習慣

## 【解答】

### A型

A型的人說話條理分明，禮貌周到，而且說話時他們喜歡注視著對方的臉，在聽對方說話時，他們還會頻頻點頭，表示同意。此外，在講電話的時候，A型的人喜歡不由自主地拿著筆在紙上亂畫。

### B型

B型的人說話幽默風趣，而更特別的是，他們說話的時候會手舞足蹈，大肆比劃，而且一會兒坐著，一會兒又站起來，完全沒有辦法安安靜靜坐著說話，這是因為B型的人天生太過活潑好動。

## AB型

　　AB型的人口才極好，談話內容豐富，表達風趣，再加上他們也很善於傾聽對方的說話，因此是極好的談話對象。但是，AB型的人在與他人談話時，也會有不由自主的肢體動作，比如說，如果他對你的觀點覺得需要思考或表示質疑的時候，會不自覺地輕輕搖頭，這樣會影響到說話者的情緒，所以應該注意自己的表現。

## O型

　　O型的人說話簡單明瞭，強而有力，說到得意的時候會忘乎所以，習慣性地觸碰對方的身體，比如拍肩膀之類。但是要注意，如果是不太習慣肢體接觸的陌生人，你這樣的舉動可能會遭致對方的反感喔！

# 你心中藏著哪種妖怪

　　每個人都有不可告人的祕密，它就好像一個怪物藏在我們心中。你呢？你的心中住著什麼樣的怪物，它會帶給你什麼樣的特質呢？

## 占卜方法：

（1）數字的演算法也是將年月日全部拆成個位數相加，直接取所得數字的個位數，就是你的命運數字。也就是，如果是1992年4月23日出生的人，那麼1＋9＋9＋2＋4＋2＋3＝30，命運數字就是「0」。

（2）選出以下你認為「即使只有一次也想試試看」的事情。

　　　①創造自己的國家，自任國王。

　　　②和你最愛的偶像約會一整天。

　　　③中了彩券，成為大富翁。

　　　④來一場星際旅行，並登上月球。

（3）將你的命運數字和（2）中你的選擇對照下表，就能夠知道你的心中藏著哪種怪物了。

| 命運數字 | ① | ② | ③ | ④ |
|---|---|---|---|---|
| 0 | B | G | D | C |
| 1 | F | D | H | B |
| 2 | E | A | F | G |
| 3 | H | G | B | G |
| 4 | A | H | C | G |
| 5 | F | E | H | D |
| 6 | G | A | D | F |
| 7 | B | E | F | A |
| 8 | E | C | B | F |
| 9 | E | C | B | F |

## 【解答】

### A、人魚。

別人眼中的妳：妳的第一印象會給人文靜、謹慎的印象，充滿女性魅力。因為妳不喜歡引人注目，所以通常不表達自己的意見，也懂得尊重對方，因此很受長輩的喜愛。

怪物特質：外表文靜的妳其實是善於對付敵人的恐怖類型喔！妳的內心非常熱情，如果面對喜歡的男生，妳會毫不猶豫地主動示愛。但如果感情不順的話，妳會表現得楚楚可憐，反而會吸引很多的男生。如果有情敵出現，強烈的嫉妒心會讓妳背地裡到處說對方壞話，試圖排擠對方。如果男友提出分手的話，妳是一定會想辦法報復他。

潛在野心：希望受歡迎的男生崇拜妳！

弱點：被人看出妳的文靜是裝出來的。

出沒時間：有比自己受歡迎的女生出現時。

親密的怪物好友：哭嬰聲老頭、三眼小和尚。

天敵：狼人。

### B、吸血鬼。

別人眼中的你：你是個情願窩在家中不動的傢伙，白天的你很安靜，尤其是上課的時候會昏昏欲睡。不過如果朋友有什麼惡作劇的話你也會參與。

怪物特質：身為吸血鬼，晚上才是你生活的重點，要不就出門和朋友聚會，就算是不出門，也會看電視看到深夜，或者和朋友煲電話粥。而且你一向不喜歡獨自一人，因此不斷增加自己的夥伴，最好是成為一

個龐大的集體才好。不過，太多的夜生活可能讓家人對你不滿喔！另外對某些天生具備藝術才華的吸血鬼來說，晚上才是才華發揮的最好時候。

潛在野心：把大家都帶入吸血鬼的世界！

弱點：在太陽下活動。

出沒時間：夜深的時候。

親密的怪物好友：科學怪人、木乃伊。

天敵：人魚。

## C、哭嬰聲老頭。

別人眼中的你：你很重視他人，總是希望能夠和別人和平共處，並發展出更親近的關係。你擅長團隊合作，往往能提出讓人覺得很好的建議。

怪物特質：看起來你很能讓人依靠，但實際上卻很依賴人。雖然你總是能提出很多建議，但自己卻缺少實際的行動，都只是口頭說說而已。而且你還有一點小氣，會向朋友借東西，但自己喜歡的東西卻不肯借給別人，久而久之就會使人不再信任你。

潛在的怪物野心：想藉別人的力量過快樂的生活。

弱點：不負責任的態度小心被拆穿。

出沒時間：繁忙時就會變成怪物！

親密的怪物好友：人魚、長脖子妖怪。

天敵：木乃伊。

## D、長脖子妖怪。

別人眼中的你：平時你穩重踏實，只要決定了事就會認認真真去

做，因此很受朋友的尊重和信賴。再加上你既不說謊也不會出賣朋友，所以友情基本上都很長久。只不過你上課的時候喜歡東張西望，不專心喔！

怪物特質：你太過重視感情，結果因為太在乎反而變得拖沓起來。你喜歡和朋友長久在一起，就算是上個廁所也要結伴而去，所以一旦朋友和他人比較親密的時候就會讓你有被忽略的感覺。戀愛時候也是一樣，你會變得非常嘮叨，結果反而讓對方對你敬而遠之。要知道不管戀愛還是友情，最好彼此保留各自的空間才好。

潛在的怪物野心：希望朋友和戀人絕不會背叛你！

弱點：一個人孤伶伶沒有朋友的時候。

出沒時間：找到「可以信賴」的人。

親密的怪物好友：吸血鬼、三眼小和尚。

天敵：科學怪人。

## E、科學怪人。

別人眼中的你：你穩重大方，待人和善，因此大家都很喜歡你，樂意與你交往。而且你聰明靈巧、興趣廣泛，什麼東西都能很快學會，進而也能認識很多朋友。

怪物特質：故事中的科學怪人是由許多人的部分身體所製造的怪物，而你就如科學怪人一樣，缺少「自我」。你太容易受到別人的影響，別人喜歡的東西你也會喜歡，穿著打扮也會因別人的評價而改變，就算是與人交往時，也會順著對方的喜好說話、做事，看似謙遜，但實際就是沒個性。

潛在的怪物野心：希望學到別人優秀的地方！

弱點：被人指責「不要模仿我」時。

出沒時間：看見具有自己所沒有的特質的人。

親密的怪物好友：狼人、三眼小和尚。

天敵：吸血鬼。

## F、狼人。

別人眼中的你：你是典型的「好人」，待人親切，對別人的請求從來不會說不，甚至會在別人要求之前主動施以援手，加上你氣質可親，因此朋友極多。

怪物特質：狼人會在月圓之夜變身，變得狂暴瘋狂，完全失去理智，而你也是一樣，平常雖然溫和可親，但遇到壓力太大的時候，你就會忽然爆發，大發脾氣，說些平常絕對不會說的粗話或尖酸刺耳的話，或者胡亂花錢購物來發洩，但這種狀況往往只會持續一、兩天，過了之後又會恢復正常。這種情況連你自己也無法控制，但見識到你變身面目的人卻會感到害怕。

潛在的怪物野心：非常不想當「好孩子」。

弱點：被喜歡的人看到兇暴的樣子。

出沒時間：積壓了許多壓力時。

親密的怪物朋友：科學怪人、木乃伊。

天敵：三眼小和尚。

## G、三眼小和尚。

別人眼中的妳：妳爽朗大方，樂觀活潑，總是不斷逗朋友們開心，只要有妳在，任何地方都會明亮起來。雖然不夠性感，但這種特質卻更

能吸引男生呢！

怪物物質：妳的好奇心太過旺盛，對於任何事情都想要知道，喜歡打聽朋友的祕密卻又不能保守祕密，有時會讓人討厭。妳喜歡各種新鮮的事物，但又會很快厭倦。在戀愛上也是一樣，常常會迅速轉移目標，讓大家驚訝不已。

潛在的怪物野心：想發現刺激的東西瞭解它。

弱點：太過自信而導致失敗。

出沒時間：嗅出周圍有麻煩的氣息。

親密的怪物好友：人魚、長脖子妖怪。

天敵：哭嬰聲老頭。

## H、木乃伊。

別人眼中的你：你知識豐富，想法又多，是個非常有個性和藝術氣質的人，而且你擅長打扮自己，是朋友中的時尚達人。不過你不喜歡開闊的地方，而更願意待在狹窄的空間裡。

怪物特質：你總是很害怕讓別人看到真正的自己，即使是面對朋友，也很難說出自己的心裡話，所有的祕密都藏在自己心中。另外你會記恨對自己不好的人，希望能夠獲得眾人的關注。如果能學著袒露自己，拉近和朋友的距離，就能讓你更受歡迎喔！

潛在的怪物野心：最好我討厭的人都會不幸！

弱點：受到「說謊會自食惡果」的約束。

出沒時間：交到關係好的朋友時。

親密的怪物好友：吸血鬼、狼人。

天敵：長脖子怪物。

# 你適合養貓還是狗

　　很多人會在家裡養金魚招財，有人相信燕子築巢代表吉祥，那麼，最常見的寵物貓、狗又會帶來什麼呢？不同生肖的人飼養寵物，其實是會影響運程的喔！

## 【解答】

（1）狗：有利於生肖為虎、馬、兔、狗者；不利於生肖為龍、雞者。

　　生肖為虎、馬者，養多少狗都可以，有利於人際關係，幫助家庭和諧；生肖為兔者，只能養一隻，如果多養則會招小人，容易得罪人；生肖為狗者，適合養一隻，有利於人際關係，但也有可能導致事情不順。

生肖為龍者，不利人際關係，容易招惹是非；生肖為雞者，容易導致家庭關係不睦。

化解之法：在家中西北方向放置粉水晶化解。

## （2）貓：有利於生肖為虎、豬、牛、羊者；不利於生肖為鼠、狗、蛇、猴者。

生肖為虎者，可以多養，可提升運氣；生肖為豬者，適合養一隻，有利於緩解壓力，放鬆心情；生肖為牛、羊者，只能養一隻，可催旺事業，提升人際關係。

生肖為鼠者，使自身運勢受損；生肖為狗者，導致脾氣暴躁，容易與人發生爭執；生肖為蛇者，使其運勢阻滯，不利於發展；生肖為猴者，使事業上的障礙增多。

化解之法：在家中東北方向放置白水晶化解。

# 你想當什麼樣的導演

如果讓你當電影導演，你最想拍的是哪一種場景呢？（這個測試可以知道你在異性眼中是什麼樣的人。）

A、古惑仔的兇狠械鬥。

B、斷背山似的同志片。

C、驚悚鬼片。

## 【解答】

A、在異性的眼中，你忠厚老實，給人百分之百的安全感。

B、在異性的眼中，你非常的溫柔體貼，讓人感覺貼心。其實你和同性在一起的時候可是很強悍的。

C、你最能吸引異性的地方是你的聰明才智，它能夠讓異性對你產生崇拜的心理，覺得和你一起的生活很有保障。

# 喜歡的寶石看性格

在下面七款寶石中，你最喜歡的是哪種？

A、鑽石。　B、紅寶石。　　C、藍寶石。　　　D、紫水晶。

E、翡翠。　F、珍珠。　　　G、珊瑚。

## 【解答】

A、鑽石代表著財富與權力，選擇它的你較為現實，目標明確，對新的
　事物有無限好奇，對錢財的慾望也比較強烈。

B、喜歡紅寶石的你熱情開朗，極具行動力，樂於嘗試一切新的事物。
　不過性格叛逆，容易與人發生爭執。

C、你做事認真，但胸無城府，不知轉圜，行動力稍顯不足。你很能控

制自己的情緒，遷就他人，因此很討人喜歡。

D、喜歡紫水晶的人多是個性文靜嫻雅的女子，可見妳性格聰慧，想像力也強人一等，多愛好藝術。

E、喜歡翡翠的你開朗樂觀，從不會為了人生中的不如意而鬱鬱寡歡，就算有打擊挫折，你也總是能夠很快振作起來，重新投入到自己的生活中去。

F、喜歡珍珠的你有顆純真而善良的心，總是時時刻刻為他人著想，可惜你不善於表現自己，總是羞於表達自己的真實情感。

G、珊瑚是傳說中避邪的聖物。喜歡珊瑚的人頗有靈感，對神祕的事物特別感興趣，因此有時會因突發其想而有收穫。

# 血型決定你的個性裝扮

　　不同的血型給了我們不同的個性，而不同的個性也會讓我們選擇不同的穿著打扮，你的血型決定了你選擇什麼樣的裝扮呢？

## 【解答】

### A型

　　A型人禮貌整潔，做事認真，善於傾聽，總是顧及別人的感受，不多說無謂的話。說話做事都經過詳細的考慮，一件事不完成，絕不會做下一件事。A型人對時尚潮流非常敏感，喜歡打扮，但並不華麗，整體上會比較樸素。A型人對色彩非常敏感，挑選服裝時以色彩為主，而且重視整潔，強調重點。

### B型

　　B型人開朗敏捷，幹勁十足，善於言辭，能夠體會到對方的心思和行動，進而很好的配合對方。但性格有些大而化之，容易忽略細節，有時行動太過誇張。這樣的B型人對自己的穿著並不是太在意，但對服裝有嚴謹而卓越的批評眼光，選擇服裝時以花樣為主。

## AB型

　　AB型人纖細敏感，言辭謹慎，行動縝密，堅持主見，談起話來很嚴厲，主張很強硬。此類人的穿著很極端，有時候中規中矩，有時候又非常邋遢，AB型人喜歡呈強烈對比的衣服，更傾向於選擇不調和的衣服進行搭配，選擇服飾以色彩為主。

## O型

　　O型人考慮細緻，顧全大局，做事積極，能將事實清晰地表達出來，但非常固執己見。O型人穿著整潔大氣，雖然不華麗，但相當漂亮，他們不喜歡鮮豔的色彩，更注重服裝的設計和獨特個性，選擇服裝以花樣為主。

# 零食蘊含的訊息

　　女孩子比男生更喜歡零食，有些人喜歡看電視時吃零食，有些人心情不好的時候喜歡找零食發洩，那麼，十二星座中到底誰最喜歡零食呢？不同的星座對於零食的表現又是怎麼樣的呢？

## 【解答】

### 第一名牡羊座：

　　牡羊座一向不懂得節制，肆意而為，所以面對各式零食也是最沒有克制力的。要是碰上情緒不穩或煩悶的時候，會把零食當做精神寄託，甚至是鎮靜劑。

## 第二名天秤座：

天秤座喜歡與朋友分享東西，所以就算他不是很愛吃零食，也會經常購買，這是他幫助溝通的社交手段，也能夠在旅行和集體活動的時候和朋友共用。

## 第三名射手座：

射手座是很容易發胖的類型，雖然明知道自己的體質，但看到了高熱量、高糖分的零食還是抵抗不了，於是對零食又愛又恨，一邊抗拒一邊大吃特吃。

## 第四名獅子座：

獅子座喜歡與眾不同的零食，比如最新出的、價格昂貴的零食，不過他並不是想炫耀喔！他才不在乎別人的評價呢！他只是真的喜歡與眾不同的東西而已。

## 第五名水瓶座：

水瓶座喜歡能夠飽腹的零食，比如餅乾、消化餅之類，至於糖果、肉干等物則沒有興趣。

## 第六名金牛座：

金牛座喜歡口味新奇獨特的零食，要嘛就辣到不行，要嘛就酸到流淚，常見的味道可不是他想要的，而且金牛喜歡不斷尋找新的口味，是花心零食愛好者。

## 第七名雙魚座：

雙魚座如此的情緒化，乃至對零食的愛好也會隨著心情的變化而轉

變，雙魚有時可以吃許多許多的零食，有時完全不吃，會依心情而定。而且魚魚是最重視健康飲食的那個，只會選擇健康的零食。

## 第八名處女座：

處女座選擇的食物是那些充滿了回憶和感情的，比如和初戀情人一同食用過的零食之類。當心情起伏的時候，處女座才會在零食中懷念過去。

## 第九名魔羯座：

魔羯座是頑固的單一零食愛好者，對於零食的味道有極嚴格的要求，只會選擇固定的品牌和口味，就算是一時買不到這種零食，也不會選擇其他類似的食物。

## 第十名巨蟹座：

巨蟹座對零食興趣缺乏，但如果有零食擺在身邊，卻會不停地吃，對巨蟹來說，零食只是消磨時間或幫助思考的某種方法，吃的是什麼東西反而沒那麼重要了。

## 第十一名雙子座：

雙子座最愛玩樂，吃零食這種娛樂當然也不可少，不過雙子也並不太計較零食的味道，而喜歡包裝怪趣、款式奇特的零食。

## 第十二名天蠍座：

天蠍座一向不愛零食，至多只會在肚子餓了的時候找些餅乾之類的塞進嘴裡，他們也從來不吃那種要咀嚼很久的食物，只吃些容易下喉的食物。

# 丟東西看你是哪種人

　　下了計程車，當車剛剛開走，你忽然想到你似乎把一樣東西忘在車上了，這樣東西對你很重要，是不應該忘掉的，那麼你忘記的究竟是什麼呢？

　　A、重要文件。　　　B、MP3。　　　C、帶回家的點心。

　　D、夾有鈔票的書。　E、雨傘。

## 【解答】

### A、重要文件。

　　最近可能工作壓力太大，人際關係問題複雜，使你非常煩惱，但只要堅持自己的信念，勇往直前，就一定能獲得成績。

## B、MP3。

你是個重視生活樂趣的人，為了自己的興趣不遺餘力，休閒旅遊是你生命中的頭等大事，但是要小心享樂太過，弄得入不敷出。

## C、帶回家的點心。

你個性溫柔寬厚，重視家人和朋友，很適合在教育或慈善性質的工作。不過，忙於照顧他人的時候也別忘了自己喔！

## D、夾有鈔票的書。

你對於金錢有天生的敏感度，如果能夠腳踏實地、勤奮工作的話，就能夠累積一筆財富，安享晚年。

## E、雨傘。

你一向公私分明，而且非常清楚自己的優缺點，只要能夠安守本分，謹言慎行，那就會一切OK。

# 四季生肖性格大觀

　　人的屬相有十二種，每一種屬相都會使得每個人呈現出不同的個性，其實同樣屬相的人，性格也是千差萬別的，原因之一就是出生在不同的季節會對性格產生不同的影響，下面就讓我們看看每個季節的屬相會有什麼樣的性格吧！

## 【解答】

## 鼠

### 【春鼠】

　　你生性善良柔弱，謹慎小心，但缺少主見，也不願意與人競爭，但你天生的氣質和後天的學識會讓你很容易獲得他人的欣賞，但若想成功

則需要他人的幫助。一般適宜從事文書和文藝工作。

忠告：多到大自然中去陶冶身心。

【夏鼠】

你勤奮刻苦，但一生勞累。因為缺少有力的社會關係，又沒有兄弟姊妹之助，事業要想成功只能依靠自身的努力，成年後經濟條件頗佳，只是太過辛苦會導致身體欠佳，常有力不從心之感。

忠告：適當休息，積蓄力量。

【秋鼠】

你聰明機敏，善於察顏觀色，能迅速抓住時機，獲得成功，一生平順。與同事關係較好，因此往往能得到眾人的幫助。但心胸較窄，能力不強，缺乏個性和自信心。

忠告：大膽往前走，失敗也別害怕。

【冬鼠】

你心懷壯志，可惜往往懷才不遇，做事總是受到各式各樣的干擾而導致難以成功。而你不肯接受失敗，不斷努力，可惜不善於總結經驗，若經過努力能成一些小事，但成大事較困難。

忠告：繼續努力，希望總會實現。

# 牛

【春牛】

你是敢作敢當的人，認定的事就會堅持到底，是做事業的人才。年少時比較吃苦，但也因此獲得了發展。然而你缺乏把握成功的能力，因此適合分管部門而不是做最高負責人。

忠告：雖有牛勁，亦不要蠻幹。

【夏牛】

你一生或為事業，或為家庭勞累奔波，常有生不逢時之感。年輕時多時運不好。

忠告：雖肯苦幹，但能力不可少。

【秋牛】

你任勞任怨、自信踏實，雖然能力出眾，性格卻謙虛柔順，是眾人當中最受歡迎的那一個。不過你喜歡獨來獨往，不喜交友。

忠告：多交朋友。

【冬牛】

你是個忠厚可靠、辦事認真、值得信賴的人，但穩重有餘，機敏不足，因此通常不會有太大的成就，但也不會惹出什麼是非。

忠告：做自己就好。

# 虎

【春虎】

你做事果斷，具有出色的組織能力，但權力慾較高，喜歡表現自己，而且為了達到自己的目的會不惜犧牲他人的利益。生活簡單，不喜交際，對感情問題不敏感，我行我素，適合做領導者。

忠告：不要過分地表現自己。

【夏虎】

你性格剛強、才華出眾，而且極為自尊，不畏權勢，鋒芒畢露。你的性格一方面使你很容易吸引上級的注意，獲得升遷，另一方面又會讓你很容易招致禍端。若是自力更生，白手起家，多數人會在事業和家庭各方面取得不錯的成就。

忠告：千萬別仗勢欺人。

【秋虎】

你意志堅強，反應靈活、精力充沛，充滿理想和抱負，因此做事往往能很快就有成就。但太過固執，不喜聽從他人意見，又不願屈居人下，一旦失敗就容易灰心失望。適合做開拓性工作。

忠告：腳踏實地才是正途。

【冬虎】

你生性耿直、能力頗佳，但太過自負，不易聽取上級和同事的批評、勸告，往往很難獲得施展才華的機會。總是抱怨環境不好，頻繁調換工作，又喜獨來獨往，缺少知心朋友。

忠告：與屬羊和牛的人交朋友，對你的性格會有改善。

# 兔

【春兔】

只要依靠你的聰明才智和人緣，抓住時機，你的事業就能大有收穫。與他人競爭時，要審時度勢，揚長避短，利用自己的優勢取而勝之。

忠告：要加強身體鍛鍊，否則一事無成。

【夏兔】

你性格溫和謙遜，才華又佳，因此人緣極好，一生平順。除個別外，一般經濟條件都比較好，不乏有傑出者升任顯赫的職位。

忠告：在順境中不可得意忘形。

【秋兔】

你反應敏捷，手腳勤快，而且善於觀察時局，與他人都能友好相

處，因此做事都非常順利。但你做事受天時與人和影響較大，熱情維持不了多久。

忠告：增強信心與體力，堅持不懈地做下去。

【冬兔】

你機智幽默，又無野心，因此討人喜歡。但你做事往往謹慎有餘，魄力不足，不善於處理問題，適合從事商業方面的工作，但當不了大老闆。

忠告：靠自己的努力，一生安逸平安。

# 龍

【春龍】

你人生的道路註定是從低谷走向巔峰。只有比別人多付出十倍的努力，才能到達事業的頂峰，做好承受磨難的準備，努力學習，累積經驗，就能等到機會的到來。若是男性最適宜從軍，可一展宏圖。

忠告：刻苦磨練身心，準備迎接挑戰。

【夏龍】

你有雄才遠志，永遠都期望自己做得最好，這讓你可能擁有最輝煌的事業，或者一敗塗地。你喜歡拋頭露面，別人不願做的事，你都願出面承擔。但其中一些人也性格暴躁，脾氣古怪。從事軍事化或準軍事化的工作比較適宜。

忠告：保持清醒頭腦，不可一意孤行。

【秋龍】

你性格溫和、做事踏實，總是能將事情做得很好，但穩重有餘而魄力不足，很難自己拿主意，不過生活都還順利。你很少生氣，一旦發火

則一發不可收拾。

忠告：多喝些茶水，靜思自己應如何做。

【冬龍】

你知識豐富，是個理想主義者，總愛感嘆生不逢時，安於寂寞，喜歡獨自讀書或看電視，不喜歡熱鬧的聚會。多數人學歷較高，但學非所用。

忠告：要廣交朋友，多到有水的地方玩玩。

## 蛇

【春蛇】

你智商很高，但必須努力學習才能得到進一步的發展，你好奇的東西太多，遇事不太專心。只要懂得努力，從事任何職業都能獲得成功。

忠告：不斷給自己加油，付出總會得到回報。

【夏蛇】

你聰明機敏，才華過人，修養極佳。從學習到工作都非常順利。不少人因家庭的關係，事業會得到扶持。

忠告：廉潔自律，然後做好自己的事。

【秋蛇】

你進取心很強，對自己想要的東西就會努力去爭取。你善於體察別人的想法，待人友善，因此左右逢源，事業與生活都挺順利。但你較為顧家，事業與家庭發生矛盾時，你多顧及家庭。

忠告：做事要從長遠考慮。

【冬蛇】

你心地善良，樂觀開朗，對別人的要求有求必應，你看似沒有專

長，但什麼事都知道一些，是個樂天知命的傢伙。不過要小心有些朋友
是想利用你而接近你。

忠告：不要安於現狀，你還能做得更好。

## 馬

### 【春馬】

你心胸闊達，從不計較小事，在任何環境下都能隨遇而安，你對生
活沒有太高的要求，只要能夠開心就好。家人和朋友都喜歡你。

忠告：自己感覺好就行。

### 【夏馬】

終生忙碌是夏天出生的屬馬者最顯著的特徵之一。你的生活一直很
艱難，讓你無法安定，但要相信自己，只要你堅持不懈的努力，終究有
轉運的一天。

忠告：莫灰心喪氣，生活的路就是這樣一步步走出來的。

### 【秋馬】

你為人耿直，重義輕利，多數文筆好。但你爭強好勝，又我行我
素，因此很易與上司發生爭執。不過你並不計較，只要對方說句好話，
你就會把這些不愉快忘得一乾二淨。

忠告：目前的工作較適合你，不要輕易調換。

### 【冬馬】

你一生忙碌奔波，為事業和生活所累。年輕時多磨難和坎坷，中年
之後有朋友相助，事業出現轉機，生活亦有改善。要善於把握機會，否
則一生將平庸度過。

忠告：困難像座山，翻過去就是一馬平川。

## 羊

【春羊】

你有小聰明，但無大本事，只要在適合你的環境中生活，就能一切順利，否則將會比較艱難。不要輕易調換工作，堅持下去就能得到發展，機遇來了也可能飛黃騰達，但這種機會極少。

忠告：在認定的職位上，盡情施展才華。

【夏羊】

生活中會有幾次大的挫折，但只要擁有堅強的意志，堅持下去就能轉敗為勝。要小心在順境時太過得意忘形，招致失敗。多數人膽子較大，勇於冒險，有領導他人的慾望。

忠告：謙虛謹慎，戒驕戒躁。

【秋羊】

你善良慷慨，一生多為他人考慮，但你做事太過謹慎，又不願得罪人，也沒有出人頭地的慾望，因此事業運平平。適合從事技術性工作。

忠告：一直往前走，不要往兩邊看。

【冬羊】

你性情溫和，與世無爭，覺得吃虧是福，從不與人交惡。你雖然聰明，但處理問題時往往優柔寡斷。一生多遭磨難，事業都是憑自己的努力得來。異性朋友很願意與你交往。

忠告：多吃些肉，使自己添些虎氣。

## 猴

【春猴】

　　你志向高遠，多會選擇大城市或國外發展。適應力強、處事圓滑、功利心強，但生性多疑，適合從事經濟活動，成功的可能性很大，但缺少知心朋友。

　　忠告：適可而止，任何事都不要做過頭。

【夏猴】

　　你精力充沛、活潑好動，很樂於做事，如果是自己喜歡的工作，便會努力將它做得盡善盡美。不過也像猴子一樣性子毛躁、坐不住，中年之後才會改變。

　　忠告：收斂點猴氣，多些穩重。

【秋猴】

　　你聰明過人、才思敏捷，善於借鏡別人的經驗和教訓指導自己的行為，進而取得成功。但你的膽略和魄力較小，目光短淺，只關心眼前利益。適合做部門負責人。

　　忠告：當有西瓜和芝麻時，你要毫不猶豫地撲向西瓜。

【冬猴】

　　一生較為順利，沒有太大的事業心，但追求生活享受，喜歡逛百貨公司，上飯館。朋友較多，但多是利益之交。適合從事技術性工作。

　　忠告：走出自我小天地，登上社會大舞臺。

# 雞

【春雞】

　　你多才多藝、聰明機敏、追求時尚，但太愛表現自己，有時又會仗著自己聰明貶低別人。對異性感興趣，有不少異性朋友，不少人家庭生活會有磨難，適合從事文藝工作。

忠告：不要太囂張，收斂一些較好。

【夏雞】

你胸懷大志，滿懷熱情，很有組織能力，因此多數能靠自己的努力成名。但事業起伏較大，成功和失敗都會突然到來。

忠告：做好應付變化的心理準備。

【秋雞】

你性格活潑討喜、做事認真，事業心很強，從不食言，因此很惹人喜歡。但你思想保守，沒有太大的追求，只期望精神滿足。適合從事技術性工作。

忠告：要繼續努力，爭取變成鳳凰。

【冬雞】

你志向很高，總期望改變自己的命運，為了達到自己的目的會不擇手段。有時往往經不起挫折與打擊，可能一蹶不振。有的人喜歡拈花惹草，小心影響前程。

忠告：不要強出頭，見好就收。

## 狗

【春狗】

你性格忠厚，待人誠懇，但生性好動，喜好與朋友玩樂，尤其對賭博有興趣。喜歡體育活動和欣賞藝術，卻無專長。與同性朋友相處愉快，對異性朋友通常不感興趣。

忠告：不要滿足現狀，要不斷學習。

【夏狗】

你正直忠厚，一生也很順利，能夠靠自己的努力達到目標。但金錢

運不高，生活比較清貧，而不義之財即使唾手可得，也不願意獲得。有時容易感情用事，好發無名之火。

忠告：不要和別人攀比，走自己的路。

【秋狗】

你聰明能幹，很受上級和家人的喜愛，工作與生活都能得到貴人和朋友的幫助與支持，因此在較短的時間裡就能取得成績。但在相當長的一段時間裡，你會止步不前。

忠告：發揮你的優勢競爭。

【冬狗】

你為人俠義重感情，為朋友可以兩肋插刀，不求物質豐厚，只要心情愉快便可。男性適合當兵。

忠告：見義勇為是好事，但還要智勇雙全。

# 豬

【春豬】

你心腸慈悲，樂於助人，一生較為順利，無論事業、家庭諸事都令人滿意。若是能加以努力，定能成就一番事業。

忠告：試著改變目前的生活可能更好。

【夏豬】

屬豬的人一貫福氣很好，有貴人相助，但也因此使你養成了天生懶惰且軟弱的性格，動手能力差，一旦遇到自己解決不了的問題便不再努力，只聽任事情發展。

忠告：不要指望別人，事情還得靠自己。

【秋豬】

你做事認真負責，又樂於助人，因此朋友極多，在社交場合上也很受歡迎。適合做服務性工作。

忠告：心情愉快足矣。

【冬豬】

你為人耿直、天生吃苦耐勞，但若不加學習則無法進步，太直則容易得罪人。貪戀家庭生活，對金錢看得比較重。別人的好處會記一輩子，而壞處也會記一輩子。

忠告：多出去走走看看，要學會生活。

# 戴戒指的習慣

　　你喜歡戴戒指嗎？你喜歡把戒指戴在哪根手指上呢？其實，戴戒指的習慣也可以看出你的性格呢！如果你不只戴一只戒指，只要將你最喜歡戴戒指的手指依次排列，便可看出你的種種個性。

## 【解答】

Ａ、右手大拇指。

　　你是個驕傲而自信的人，一向不願居於人下，就算自己做錯也不會後悔。

Ｂ、右手中指。

你是個理想主義者，對任何事都有著自己的看法，有強烈的使命感，一定會完成自己的工作，而不太在乎享受。

## C、右手食指。

你很擅長於與人競爭，這種特質讓你非常適合從事商業等需要競爭力的工作，在事業上表現優秀。你從不在乎別人的感受，只為了滿足自己的需要而生活。

## D、右手無名指。

你永遠停不下來，總是有做不完的事，說不完的話，並且永遠樂在其中。但因為生活忙亂，有時會讓你覺得毫無頭緒，不知道未來該往哪裡走。

## E、右手小指。

你充滿了友情和博愛，喜歡帶有神祕色彩的東西，舉凡看相、星座、命理等等都喜歡。你生性隨和，一向不違拗別人，適合簡單的家庭生活，但太過複雜的人家關係不適合你。

## F、左手大拇指。

你是個能夠為別人解決困難的領袖型人物。你不會把感情付出給別人，但會與人分享你的光榮成就。

## G、左手中指。

你重視外貌，自尊心強烈，而且對人謙和友善，很重友情，就算付出多少也不在乎，是受人愛慕與尊敬的人。

### H、左手食指。

只要有興趣的工作，你就會很投入，無論要花費多少心血。但在生活上你容易喜新厭舊，只要是過時、沒用的東西，你會毫不猶豫地丟棄。你青睞於品味獨特、耐用的打扮，最好是在含蓄中略帶一些設計的高雅品味。

### I、左手無名指。

你是家居型的人，希望擁有一個安穩的家庭，大家為了一個共同的目標而努力。你個性安定踏實，懂得照顧弱小，友愛他人，與他人相處融洽。

### J、左手小指。

你是個驕傲的人，但因為見識廣博，往往還能吸引眾人的眼光。你渴望與眾不同，為了贏得別人喝采，你會不斷地努力奮鬥。

### K、不戴戒指。

完全不喜歡戴戒指說明你不喜歡受拘束，你熱愛自由的生活，喜歡輕鬆的生活方式，不會為了追求太高的目標而勉強自己。

# 另類生肖占卜

　　有人認為中國現今使用的十二生肖是從印度傳過來的，雖然來源無法可考，但可以肯定的是印度也有同樣的生肖計算方法，而印度的生肖演算法是按照三十六生肖計算的，從某種程度上來說，比十二生肖的演算法更為精確。

　　方法：按照你的生肖和出生時間對照下表，就可以知道你是三十六生肖中的哪一個了。

　　鼠：0至8時——燕子、8至16時——老鼠、16至0時——蝙蝠。

　　牛：0至8時——牛、8至16時——螃蟹、16至0時——鱉。

　　虎：0至8時——狸貓、8至16時——豹、16至0時——老虎。

　　兔：0至8時——刺蝟、8至16時——兔、16至0時——貉。

龍：0至8時──龍、8至16時──蛟、16至0時──魚。

蛇：0至8時──鱔魚、8至16時──蚯蚓、16至0時──蛇。

馬：0至8時──鹿、8至16時──馬、16至0時──驢騾。

羊：0至8時──羊、8至16時──鵰、16至0時──雁。

猴：0至8時──猩猩、8至16時──猿、16至0時──猴。

雞：0至8時──雉雞、8至16時──雞、16至0時──鳶。

狗：0至8時──狗、8至16時──狼、16至0時──豺。

豬：0至8時──豕、8至16時──獾、16至0時──野豬。

## 【解答】

### 屬鼠者

燕子：燕子是候鳥，對氣息敏感，為引導潮流之人。屬燕的人能力很強，反應迅捷，如果能努力學習，將能成為成功的創造者、發明家。過於理想主義，性格又善變，因此往往想法很多卻不能實現。

鼠　：鼠具神祕感，善於觀察形勢，行動敏捷，謀略出色，善於團隊合作。但缺乏分析力，遇事常推脫責任，但感情上易用情不專。

蝙蝠：屬蝙蝠的人第六感很強，與人為善，有人緣，具有一種與世無爭的氣質，一生運程很好，是富貴中人，且有長壽之命。但容易憤世嫉俗，對社會缺乏正義感。

### 屬牛者

牛　：屬牛者性格，任勞任怨，處事努力，能夠勇敢面對挑戰，克服困

難，是成大事者。但有時性格太過固執，不知變通。

螃蟹：此屬相的人能力很強，不畏艱難，愈挫愈勇，而且有很強的自我保護意識，一旦受到傷害會拼命反擊。但性格比較霸道，個人主義太強，缺乏群體觀念，不願相信他人。

鱉 ：屬鱉的人有強烈的攻擊力，也因此具有不屈不撓的性格。能伸能屈，善於偽裝，具有特殊的靈性。但此屬相的人太過固執己見，攻擊力太強會讓人覺得咄咄逼人。

## 屬虎者

狸貓：外表清秀，性格熱情，處事果斷，精力充沛，智慧極高，勤奮肯學習，充滿理想。但比較愛管閒事，個性刁蠻、神經質。

豹 ：屬豹的人精力充沛，思維敏捷，凡事不服輸，有強烈的改革精神。但個性急躁，虛榮心太強，與人爭鬥時毫不留情。

虎 ：屬虎的人好英雄主義，行動敏捷，求生能力強。性格沉穩，重禮儀，講義氣，自制力強。但又強烈的佔有慾，一旦發怒則難以控制情緒。

## 屬兔者

刺蝟：屬刺蝟的人性格踏實，有骨氣，不喜歡受約束，喜獨來獨往。但個性保守、壓抑，容易變得消極、頑固。

兔 ：屬兔的人溫和、聰敏，警覺性好，欣賞力佳，溫柔體貼，善於團體合作。但性格溫和到有些柔弱，容易逃避現實，又不會保護自己，爛桃花頗多。

貉 ：屬貉的人和善忍耐，直覺敏銳，誠信有禮，年紀越大思慮越周

詳，能成大事。但處事不夠爽利，容易逃避退縮，缺乏恆心。

## 屬龍者

龍　：自尊心強，自信爆棚，做事大方磊落，目標明確，善於交際，人緣頗佳，具有卓越的領導才能。但性格太過霸道，以自我為中心，太愛面子。

蛟　：蛟是水龍，屬蛟者機智勇敢，勇於冒險，責任感強，重視家庭，敢愛敢恨，防禦性好。但易怒暴躁，對外人太過冷酷。

魚　：魚是未化之龍，屬魚的人個性積極、自信果斷，精力充沛，企圖心強烈，喜歡熱鬧繁華的生活。但情緒起伏太大，記仇好鬥。

## 屬蛇者

鱔魚：屬鱔魚的人天性樂觀，個性沉穩，通情達理，善於照顧別人。但太過圓滑，有時不能被人接受，性格消極被動，容易犯小人。

蚯蚓：屬蚯蚓者熱情慷慨、體貼友善，處事沉著穩定，具有奉獻精神。但性格溫吞沒有主見，行事慢吞吞，不能保護自己。

蛇　：屬蛇的人靈敏迅速，才智過人，行事乾淨俐落，非常有主見，能屈能伸。但太過自負，自以為是，被逼時會不顧一切的反擊，手段陰狠。

## 屬馬者

鹿　：屬鹿的人溫和沉靜，具有良好的洞察力和藝術鑑賞力，即使與人競爭，也會保持君子風度。但也非常愛面子的，對事太過苛求，協調性較差。

馬 ：屬馬的人精明敏捷，樂觀開朗，學習能力強、通達人情，富有正
　　義感，是俠客型的人。不過太講究原則，有時過於嚴苛，不肯妥
　　協，容易得罪人。

驢騾：驢騾吃苦耐勞，勤儉持家、自信沉穩，勇於面對挑戰，適應力
　　　強，是知足常樂的人物。但個性固執，比較功利。

## 屬羊者

羊 ：屬羊的人善良溫和平靜、和藹有禮，耐力佳，喜歡浪漫的情調，
　　總是為他人著想。但心腸太軟容易被人利用，自信不足，無法保
　　護自己，只求得過且過。

鵰 ：屬鵰的人氣勢十足，沉著冷靜，有遠見，判斷力佳，執行力好，
　　善於適應環境，屬於大器晚成型的人。但性格孤僻不合群，甚至
　　有點霸道，尤其在感情上佔有慾強。

雁 ：屬雁的人聰慧、有靈性，精力充沛，風趣幽默，愛玩樂，好勝心
　　強，重視外表。但嫉妒心重、佔有慾強，缺乏安全感，容易患得
　　患失。

## 屬猴者

猩猩：屬猩猩的人個性平和厚道，重信用講仁義，善解人意，有出色的
　　　靈感和智慧，善於企劃、設計，有美術、音樂天賦。但個性害羞
　　　易受傷害，缺乏毅力。

猿 ：屬猿的人智慧高，做事乾脆，學習性強，尤其在發明、創造、改
　　革等抽象思維方面有無限的潛能。但也具有較強的反叛性和佔有
　　慾，野心勃勃，有時會翻臉不認人。

猴 ：屬猴的人靈感很強，很有自己的見解，有強烈的社會性，重視集體，熱愛文化，善於音樂、美學、表演。但性急、易怒，愛猜忌。

## 屬雞者

雉 ：雉是鳥類中羽毛華麗的那種，屬雉的人多才多藝，能言善道、自信心強，浪漫多情。但重視外表，愛炫耀，重享受，愛慕虛榮，容易犯小人，太多情容易為情所困。

雞 ：屬雞的人聰明好勝，善於學習，富有正義感，樂於犧牲，好打抱不平。但太過任性，愛管閒事，缺乏恆心。

鳶 ：屬鳶的人氣質高貴，自尊心強，為人乾脆慷慨，有領導能力，只要有貴人幫助，是將相之才。但太過自我中心，愛出風頭，容易樹敵。

## 屬狗者

狗 ：屬狗的人忠厚老實，心地善良，極具親和力，領悟力、學習力、協調性強，有敏銳的第六感。但耳根軟，依賴性強。

狼 ：屬狼的人勤奮努力，重視友情，對客觀環境、時勢趨向嗅覺敏銳。但脾氣暴躁冷酷，愛記仇，報復心重。

豺 ：屬豺的人遵守原則，學習力強，奮發向上，喜歡群體生活，凡事都靠自己的努力達成。但缺乏主見，沒有創造力，並且喜歡爭權奪利。

## 屬豬者

豕 ：屬豕的人心寬福厚，謙讓平和，品味好、浪漫、重情調，常有一
　　針見血的精準眼光。但性格被動無主見，耳根太軟，安逸消極。

獾 ：屬獾的人外表陰柔體貼，其實頭腦冷靜，目標遠大，有膽識，分
　　析能力強。但脾氣不佳，自我保護意識強烈，缺乏安全感，易憂
　　鬱。

野豬：屬野豬的人性格溫婉，分析能力強，想像力豐富，韌性十足，言
　　出必行。但脾氣固執，易記仇，凡事沒有計畫，容易失去良機。

# 生肖瘦身法

　　瘦身是女人終生的事業，不知妳是不是覺得自己的瘦身計畫始終收效不大？其實，不同生肖的人會有不同的瘦身重點，不妨看看妳所屬的生肖今年最適合的減肥方法是什麼，讓妳輕鬆瘦身成功！

## 【解答】

### 鼠

　　今年妳的整體運勢不錯，所以也會因為心情愉悅而對自己鬆口，放鬆了保持身材的決心，一旦管不住自己的嘴，身材可是會決堤的喔！所以，給妳的嘴上把鎖吧！好好克制貪吃的嘴才能讓妳健康又苗條。

## 牛

今年的運勢不太順利，會出現一些讓妳頭大的麻煩，可能因為壓力過大導致暴瘦或暴肥，這樣都不夠健康喔！不如暫時忘掉手頭的事，嘗試放下自己的煩惱，多到戶外去走走，對身材可是大有好處呢！

## 虎

今年的妳活力十足，精力充沛，還有機會到處跑，也讓妳少了許多變胖的機會，所以妳今年的瘦身運最高喔！不過要小心別被瘦身廣告騙了，在選擇瘦身產品的時候不妨多收集點資料，多聽聽朋友和家人的建議。

## 兔

最近妳的心情容易起伏喔！開心的時候會拼命吃，不開心的時候又什麼都吃不下，飲食失調弄得體重也跟著上上下下，幸好健康沒問題。所以，想要大吃的時候，還是挑選些健康的低熱量食物吧！向營養專家諮詢也是不錯的選擇。

## 龍

今年在各方面都需要他人幫助，人情債要還，所以免不了要經常請人吃飯，胖也就是難免的了。要保持身材，那吃飯的時候就盡量選擇養生料理吧！再加上健康正常的生活作息，就能維持好身段了。

## 蛇

工作不夠順利，人際關係又讓妳頭大，所以忙著找好友聚餐解悶，結果不知不覺之中體重就增加了喔！記得下次聚會別再不停地吃那些高

熱量的油炸食物了，喝喝茶什麼的可以讓妳不用擔心發胖。

# 馬

今年的人際關係不錯，不論是工作還是生活上都有不少的交際，結果會完全打亂妳的作息，往日的飲食習慣也完全亂了，所以一定要小心突然暴肥。能夠推掉的邀約就放棄吧！如果確實無法拒絕，那就試著在不吃大餐的時候多攝取一些健康營養的食物，並養成定時排便的習慣才行。

# 羊

生活中偶爾會出現些完全不在預計中的突發情況，打亂妳的日常規劃，也讓妳的瘦身計畫難以堅持下去，身材也就會偷偷走樣喔！嘗試每個星期至少留出一天的時間來調養自己吧！堅持下去身材很快就能恢復。

# 猴

一掃去年肥胖指數極高的狀況，今年可是瘦身的好時候，好好把握機會吧！記得多注意自己的身體情況，生病可不是瘦身的好辦法，別給自己太大壓力，有時不妨讓身邊的人多給妳鼓勵。

# 雞

最近工作太努力，結果忽略了自己的健康，瘦身計畫更是中斷了，這樣可不是聰明人的做法，健康才是一切的根本，還是先把身體照顧好吧！注意營養均衡，是擁有好身材的根本條件。

## 狗

　　需要到處奔波的繁忙會影響妳的心情，也使得健康方面並不是太理想，試著調適自己的心情，給自己一個開朗愉快的心情，就能讓身材也變得更好喔！

## 豬

　　碰上煩心的事就乾脆窩在家中不出門了，太多的零食和懶覺會讓妳的身材在不知不覺中變樣，要小心了。添置一些居家健身器材，多花點時間運動吧！適當的運動可以調節情緒，還能讓妳保持好身材。

# 你容易被帶壞嗎？

朋友當然是多多益善，但有時候朋友良莠不齊，卻會將你帶壞，你也許能夠分辨是非，但你是不是很容易被朋友影響呢？下面就測測看，你是不是一個會被朋友牽著鼻子走、被帶壞的人？

## 占卜方法：

憑直覺在下面六張塔羅牌的圖案中選擇一張。

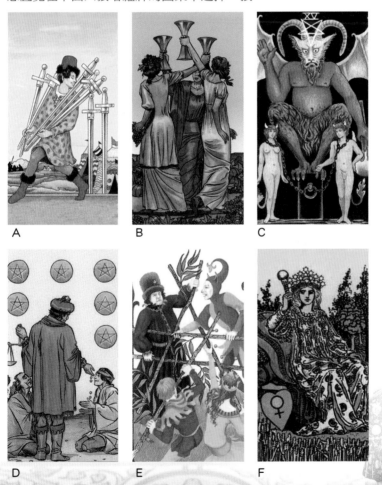

A

B

C

D

E

F

# 【解答】

## A、寶劍七——被帶壞指數50%。

最近要小心，別被一些眼前的小利益給誘惑了，結果跟著壞朋友做了一些不應該做的事，而且還一犯再犯，要知道第一次雖然逃過去了，但不是每次都這麼幸運的，如果東窗事發，那後悔也沒用了。

## B、聖杯三——被帶壞指數35%。

最近你的交際運非常旺盛，常常要和朋友們聚會，雖然適度狂歡是讓自己放鬆和快樂的好方法，但千萬不能沉溺喔！另外，暴飲暴食或成為愛買一族都不是什麼好選擇。所以，睜大眼睛看看身邊的朋友們吧！盡快把酒肉朋友踢走才是。

## C、惡魔——被帶壞指數90%。

最近你心裡不時會冒出一些負面的貪心念頭，再加上有朋友一招呼，你就立刻奔出去玩樂，生活日漸墮落，也越來越習慣於和那些損友們相處，被帶壞的機率相當高，請一定要三思呦！

## D、錢幣六——被帶壞指數10%。

最近的人際關係很不錯，但因為你自己站得正，所以不會發生什麼朋友拉你做壞事的情況，那些壞朋友還會自動遠離呢！吃、喝、玩、樂的機會減少了，身邊又都是正直善良的好朋友，很有機會遇到命中的貴人，讓你事業、學業、生活都很順呢！

## E、權杖五——被帶壞指數70%。

最近的生活似乎不太順利，處處碰壁，讓你感到煩悶，此時若是有

心人趁虛而入，在你身邊搬弄是非，鼓弄唇舌，你就很有可能被說動，結果捲入權力鬥爭，成為職場中的麻煩人物。所以，警覺一下身邊喜歡爭權奪利的人吧！

## F、女皇——被帶壞指數5%。

　　你一向很清楚自己要些什麼，不會迷茫，也不會被他人左右，在人際關係上處於主導地位，所以，要交些什麼朋友、怎麼和朋友交往，你都有著清晰的想法，也能夠處理得非常恰當，完全不用擔心會有被帶壞的情況。而且你的人脈資源非常豐富，對你都有正面的幫助！

# 寶石顏色看妳的潛在才華

假如妳在深海之中發現了一顆散發出璀璨光芒的石頭，妳覺得它的光芒會是什麼顏色呢？

A、如紅寶石一樣的鮮紅。　　B、如黃水晶一樣的橘黃。

C、如綠寶石一樣的翠綠。　　D、如紫水晶一樣的嬌紫。

E、如鑽石一樣的透明。　　　F、如珍珠一樣的雪白。

## 【解答】

深海中神祕石頭的光芒，預示的是女孩子潛在的才華喔！

### A型：超級想法王。

鮮豔的紅寶石色象徵著開拓的精神。選擇此顏色的妳，是一個永遠

充滿著千奇百怪想法的人，妳腦海裡充滿了新奇的東西，但妳並不只是想想而已喔！妳是具有能夠創造新東西能力的人，將妳的想法都轉化為實際行動吧！

## B型：高智商少女。

黃色的水晶象徵著知識和才智。選擇此顏色的妳，是個頭腦聰明、反應迅速的聰明人，不過要當心聰明反被聰明誤，太聰明的頭腦會讓妳對特殊領域好奇心太強，如果沒能將聰明用在正途的話，搞不好會變成高智商犯罪者。

## C型：活力美少女。

翠綠的綠寶石象徵著健康。選擇此顏色的妳，是個充滿健康活力的人，並且擁有讓身體變健康的能量喔！妳懂得許多對身體有益的小方法，年紀越大越有活力，這讓妳能夠健康快樂地享受人生。

## D型：神祕小女巫。

紫色的水晶象徵著神祕與未知。選擇此顏色的妳，擁有比一般人更為敏銳的第六感，甚至具備占卜的才能。不過別覺得一切都是天生的，有些才能是需要不斷學習才能展現出來的噢！

## E型：典型拜金女。

鑽石的透明光芒象徵著財富。選擇此顏色的妳，對於金錢有著很強的慾望，同樣的，妳也擁有獲得財富的才能，或許能夠擁有巨大的寶藏呢！

## F型：人氣小天后。

　　雪白的珍珠象徵著女性本身的溫柔氣質。選擇此顏色的妳，擁有天生的女性魅力，讓人忍不住親近和喜愛，或許妳自己還沒有意識到，但此種魅力讓妳很適合成為藝人喔！因為妳必然會獲得眾人的喜歡。

# 怎樣教育生肖寶寶

　　教育小孩子不是件容易事，孔子說「有教無類」，也就是說要根據不同的性格制訂不同的教育方式，所以，瞭解小孩子們是哪個星座，就可以因材施教，針對其特性進行引導，那就來看看十二生肖小孩的性格分析吧！

## 【解答】

### 鼠

　　肖鼠的小孩雖然平時非常聽話，其實他有敏銳的觀察力，很有自己的想法，如果你能夠以平等的姿態對待他，認真聆聽他的想法，而不是一味要求他按照你的想法行事，相信他會讓你見識到自信與成熟的一

面，成為你的好幫手。

## 牛

肖牛的小孩性格沉穩，敏於行而拙於言，雖然看起來不太活潑，但實際上是個令人信任的好孩子。重要的是一定要信任他，如果因為什麼事而錯怪了他的話，他可是會記一輩子的喔！

## 虎

肖虎的小孩反應很快，好奇心又足，對什麼事都有興趣，樂於多方發展。不過他脾氣急躁，所以一定要順著他的心意，記得言傳身教是對他最好的教育方式。

## 兔

肖兔的小孩個性小心，心中想法多變，但卻很少會講給別人聽。既然他不願意對人傾訴，那就順其自然，別強行改變他，而去認同他的做法，以同伴的方式對待他，或許他會帶給你許多意想不到的驚喜。

## 龍

肖龍的小孩非常講究公正，是標準的領袖與佼佼者，也樂於成為眾人的焦點，愛好面子。如果你能為他在學習和工作中的發展牽線搭橋，介紹大人物，他會相當樂意接受。

## 蛇

肖蛇的小孩心思細密敏感又多疑，因此很在意別人是否真的關心愛護他。所以只要耐心與他相處，真心且持久地去關心、照顧他，就能和

他產生良好的互動。

# 馬

　　肖馬的小孩個性熱情奔放，內心想法多變，興趣又廣，有時候感覺浮躁，有時卻一絲不苟，不過他十分重視榮譽，對自我的要求很高，因此不妨讓他自由發展，不要給予太多的限制，他會是一個懂分寸、守禮節的小孩。

# 羊

　　肖羊的小孩個性保守謹慎，內心深處有很強的不安定感，胸懷大志且自視甚高，善於模仿卻又能超越原創，所以對他要多給予正面的鼓勵，就能與他相處融洽。

# 猴

　　肖猴的小孩是語言天才，擁有隨機應變的頭腦和用不完的精力，性情又不安定，是個標準小霸王，但只要仔細觀察他的需要，適當給予意見，就能幫助他擺脫定性不夠的毛病。

# 雞

　　肖雞的小孩個性天真，對於大部分事情都抱持著正面的看法，但個性倔強，你越壓抑他，他越叛逆，會故意唱反調，建議平時多開導他，傾聽他內心的想法，只有這樣，他遇到問題時，才願意告訴你。

# 狗

　　肖狗的小孩很能吃苦，做事喜歡按照計畫一步步來，很看重「信

任」二字。一旦他覺得你不能信任，或他發現你在欺騙他，那他就會和你起爭執。

## 豬

肖豬的小孩個性保守，一般情況下都是循規蹈矩的，可是一旦遇到新鮮事或生平第一次的考驗時，就會膽大妄為，只要多注意這些行為，他一般情況下都是規矩的。

# 變美麗的魔法

　　化妝品、面膜、假髮乃至整容，只要能讓自己變美麗，女孩子可以無所不用其極，那麼，就讓魔法來幫幫妳，讓妳輕鬆變美麗！

## 【解答】

　　施咒方法：想好妳最喜歡哪位明星的五官，準備好她們的照片。等到月圓的晚上，準備一面鏡子，將鏡子放到能夠折射出月亮的地方，將明星的照片放在鏡子上，集中精力看著妳希望能夠像她的地方，然後將下面的咒語重複三遍：

Moonshine，Starlight，

let the wind carry your light，

let your glow cover my body，

and let your shine cover every eye。

Moonshine，Starlight，

shape and mold my body，

as a rose is granted beauty，

let me blossom in your light，

the light that brings me beauty，

and grant me beauty three times three。

記得當咒法完成時要點燃粉紅蠟燭或薰香，以答謝月光及星光。

# 字母靈數的祕密

其實，每個人的名字中都藏著只屬於自己的祕密，可以透露出你的性格和未來，找出你的字母靈數，就能知道你自己的祕密。

## 占卜方法：

（1）將你名字所對應的英文字母寫下來，對照下表，將對應的數字寫
　　　下來。

| 1 | 2 | 3 | 4 | 5 | 6 | 7 | 8 | 9 |
|---|---|---|---|---|---|---|---|---|
| A | B | C | D | E | F | G | H | I |
| J | K | L | M | N | O | P | Q | R |
| S | T | U | V | W | X | Y | Z | |

（2）將得到的數字相加，一直加成個位數，這個數字就是你的字母靈
　　　數。比如張三的名字zhang san，zhang＋san＝8＋8＋1＋5＋7＋1
　　　＋1＋5＝36，然後3＋6＝9，那字母靈數就是9。

## 【解答】

### （1）字母靈數1。

你聰明靈巧，多才多藝，說話風趣，待人慷慨大方，能夠輕鬆吸引別人的注意，贏得他人的喜愛。但是你性格固執，有時還有點自大，若是能適當壓抑自己的驕傲，不要只顧自己發表意見，給別人更多的機會說話，會讓你更受歡迎。

最佳配對：字母靈數3。

**（2）字母靈數2。**

你隨和謙遜，大方得體，待人友善，絕不自私，因此很受歡迎。但你性格猶豫，優柔寡斷，使你失去了很多好機會。如果能勇敢的面對問題，大膽表達你自己的想法，會讓你獲得更多的成功。

**最佳配對：字母靈數8。**

**（3）字母靈數3。**

你樂觀開朗，有你出現的地方彷彿充滿陽光，你喜歡新奇、刺激的事情，在生活和戀愛方面都很幸運。但你為人處世不夠成熟，總是希望自己成為眾人的焦點，而且有時說話不經大腦。學著穩重一點，管住自己的嘴，說話時想一想再開口，對你有益無害。

**最佳配對：字母靈數1。**

**（4）字母靈數4。**

你忠厚老實，是個很有責任感，很值得信任的人。但是你不善於變通，對有些事太過堅持，結果反而導致爭議。學著看開一點，放寬一點，不是原則問題不妨閉上一隻眼睛，這也許才是聰明的選擇。

**最佳配對：字母靈數4。**

**（5）字母靈數5。**

你聰明機智，才華橫溢，但性格狂放不羈，因為大部分事情對你而言都很簡單，所以你對任何事或人的專注程度都不超過三分鐘，毫無耐心。嘗試持續去做一件事，也不要輕易把別人告訴你的祕密說出去，你會更受歡迎。

**最佳配對：字母靈數6。**

（6）**字母靈數**6。

你樂天知命，很懂得為他人著想，充滿愛心。但你的性格太過閒散，情願坐在電視機前發呆也不願意出外聚會。嘗試活躍一點、主動一點，改變一下你的懶惰吧！

**最佳配對：**字母靈數5。

（7）**字母靈數**7。

你是個很聰慧、很有靈性的人，同時十分感性，但有時候你那帶有諷刺意味的幽默卻讓人難以接受。就算是性格喜好不同，也應該試著欣賞別人的長處。

**最佳配對：**字母靈數9。

（8）**字母靈數**8。

你很實際、很理智，是個腳踏實地的實幹家，不論想法還是做事都不會出格。但你性格比較保守，而且總覺得自己可以獨立應付任何事情，不願意接受親人和朋友的關懷與幫助。要知道團體的力量會比一個人大得多，懂得從他人那裡獲取幫助，會讓你更容易成功。

**最佳配對：**字母靈數2。

（9）**字母靈數**9。

你待人真誠，對朋友全心全意，是所有人都渴望得到的最好的朋友。但你生性畏難，面對困難容易退縮，試著勇敢一點，腳踏實地，會讓你生活得更好。

**最佳配對：**字母靈數7。

# 你是什麼樣的貓咪

　　還記得生命靈數的演算法嗎？將出生年月日逐次相加，再將所得數字的個位字與十位相字加就是你的生命靈數。將生命靈數對照下面的解答，就知道你是哪種小貓咪了。

## 【解答】

### 生命靈數1——紅貓。

　　獨行俠：你性格火辣、精力旺盛，就好像是一隻有著鮮紅色毛髮的貓咪，引人注目，讓人一見難忘，絕對沒辜負「1」這個數字。

### 生命靈數2——橙貓。

依賴者：橙色給人溫暖和藹、容易親近的感覺，沒有紅貓那種咄咄逼人的火氣。而且二元性格也正好切合了「2」字的法則。

## 生命靈數3──綠貓。

藝術家：綠色給人輕鬆舒服的感覺，你總是有著無限的創意和想法，且在人際關係上可是八面玲瓏呢！

## 生命靈數4──藍貓。

驚青鬼：藍色代表成熟和穩重，所以藍貓很重視安全感。不過亦容易有自己嚇自己的傾向。

## 生命靈數5──白貓。

冒險家：白色總是讓人想起夢想與自由，你總是追求自由自在，永遠都在為著夢想奔忙。

## 生命靈數6──黃貓。

治療家：黃色是能夠緩解壓力的顏色，而你也同樣樂於與人分享煩惱，幫人解決問題，是治癒系的代表人物喔！

## 生命靈數7──青貓。

分析師：天賦極具智慧，喜愛尋根到底。而最愛的，就是在不斷尋找答案時那種刺激興奮的感覺。

## 生命靈數8──黑貓。

開拓者：黑色是既莊重又威嚴的顏色，而黑貓天生精明，很瞭解自己的特點，並能善用自身優勢，因此經常可以在一個小點子上面站穩陣

腳，成功在望。

## 生命靈數9——紫貓。

　　夢想家：美麗的紫色毛髮總是讓人覺得夢幻神祕，所以你最愛做夢，想像豐富。但你同時卻也樂於助人，這可是無人能及的好處。

# 你的觸靈能力有多強

　　靈能力是一種對超現實事物感知的能力，有些人靈能力很強，可是有些人卻從來都沒能接觸過靈異的世界。你曾經感覺到什麼異樣的存在嗎？想知道你對異世界的感知能力有多強嗎？不妨來試試這個由美國靈魂學者所設計的測試，看看你的觸靈能力有多強。

## 占卜方法：

　　將你的答案後的分數加起來，然後再加50就代表你的靈能力。分數越高，對靈界的感知力越強。

（1）你的性別是：

　　　A、男——2分

　　　B、女——5分

（2）你的年齡是：

　　　A、0～30歲——10分

　　　B、31～60歲——4分

　　　C、60歲以上——2分

（3）你的出生時間在：

　　　A、03：01～09：00——4分

　　　B、09：01～15：00——0分

　　　C、15：01～21：00——2分

　　　D、21：01～03：00——8分

（4）你有遭遇到靈界物體的經歷嗎？

　　　A、有——4分

　　　B、沒有——2分

（5）有時你有沒有覺得現在發生在你身上的事有一種似曾相識的感覺？

A、有——6分

B、沒有——0分

（6）你是不是幾乎每次從夢中醒來之後都清楚的記得你的夢？

A、是——4分

B、否——0分

（7）你是否和別人發生過性行為？

A、是——0分

B、否——3分

（8）你曾和他人發生過多少次性行為？

A、0次——9分

B、1～3次——5分

C、4～9次——3分

D、10次及以上——1分

（9）你有宗教信仰嗎？

A、有——4分

B、沒有——0分

（10）你在夜間比白天精神更好？

A、是——4分

B、否——0分

（11）你經常能聽到別人聽不到的聲音？

A、是——2分

B、否——0分

（12）你經常能夠親眼目睹罕有的大災難或罪案？

A、是——8分

B、否——2分

（13）抽獎活動中，你經常能夠中獎？

A、是——6分

B、否——2分

（14）你比較喜歡晴天還是雨天？

A、晴天——2分

B、雨天——4分

（15）以下的數字中哪些讓你注意？

7 1 8 4

1 2 7 4

5 3 5 5

A、1或4——2分

B、5或7——4分

C、2、3或8——0分

（16）你經常夢遊嗎？

A、有——2分

B、無——0分

（17）閉著眼睛，你能否用右手食指指尖一下子碰到左手的食指指尖？

A、能——6分

B、不能——2分

（18）你是否經常能夠猜到別人心中在想什麼？

　　　A、是——6分

　　　B、否——2分

（19）在下面的英文字母中藏著一些單字，你首先找到的是下面的哪一個呢？

　　　R Z A I C R O

　　　A C A A O R B

　　　A A A F A O A

　　　G R A K M P E

　　　P H A B E E R

　　　E A M T C X A

　　　W B A N S J H

　　　A、STAR——8

　　　B、BOMB——4

　　　C、ROPE——0

　　　D、CAKE——2

（20）有沒有你心中所想的事突然發生了？

　　　A、有——4分

　　　B、沒有——0分

（21）在大街上，沒有使用任何輔助物品幫助的情況下，你能不能閉著眼準確指出正北方的位置？

　　　A、能——9分

　　　B、不能——2分

（22）你能夠在沒有任何幫助下講出現在的時間而誤差少於十五分鐘嗎？

　　　A、能——20

　　　B、不能——0

## 【解答】

### 51～70：靈感能力小。

　　一般都不會有太強的感應的，就算有鬼的話，你也不會感覺到。

### 71～100：靈感能力一般。

　　此類人能夠見到鬼的機率是40%，也就是說如果想見鬼的話就有可能見到。如果到鬼屋、墳場等地方可能慢慢會有感覺。

### 101～130：靈感能力強。

　　你們比較容易能感覺到鬼的存在，甚至每一個月都可能會見到鬼。其中的某些人還會有一些特異能力。

### 131～149：靈感能力最強。

　　你非常容易感覺到異類的存在，只要想見的話就能見到鬼（但是不想見，就會見不到），此類人多數會有一定的特異能力，或者有一些特別的遇鬼經驗。

### 150及以上：靈感能力無限。

　　達到這個分數的人多半已經不是一般人，而是一些預言家或者通靈者之類，此類人有著異於常人的能力，比如預知過去未來、通靈等等。

# 生日密碼看個性

　　出生日期決定了人的某些性格，這是眾所周知的，而除了生命靈數的演算法之外，還有其他的一些演算法，能夠窺探到你性格中的祕密，下面這種方法就是其中之一。

## 占卜方法：

　　找出你出生日期中每個數字的個數，比如1993年6月18日出生的，就有兩個1、一個3、一個6、一個8和兩個9，對照下面的解釋，就能知道你在感情表達能力、思維能力等各方面的特點了。

# 【解答】

## 1——感情表達能力。

一個1：你性格固執，而且不善於表達感情，所以多半都是在暗戀，不過你還算理智，少有為情所傷的情況。

兩個1：你善於表達感情，毫不掩飾自己的情緒，遇到心動的對象能夠大膽表白，戀愛通常都很順利。

三個1：你不易透露心底祕密，除非是經過深思熟慮才會將事情告知他人，所以做你的情人要有十足耐性。

四個1：你十分敏感，情緒起伏不定，毫不掩飾自己的喜、怒、哀、樂，容易意志消沉，需要情人不時地鼓勵。

五個1：你太過情緒化，不加克制的話很容易傷害別人，因此你的戀人一定要細心體貼，才能保證你們彼此的溝通。

## 2——直覺。

一個2：你懂得顧及別人的感受，能夠瞭解別人的想法，是一個可靠的朋友和情人。

兩個2：你善解人意，又樂於助人。對其他人來說，你的細心體貼頗具吸引力。

三個2及以上：你的直覺一般，但反應能力很強。

## 3——思維能力和想像力。

一個3：你有著超強的想像力，這令你散發出獨特的魅力。

兩個3：你喜歡胡思亂想，言行常常出人意料。不過太過幻想可能會讓別人覺得無聊喔！

三個3及以上：你智商很高，思維清晰，無法忍受單調的生活，若沒機會發揮才能，會變得精神緊張。

## 4——行動力。

一個4：你熱情澎湃，行動力十足，會大膽表露內心情感，性慾亦旺盛。

兩個4及以上：你做人缺乏自信心，但對於感情十分忠貞。

## 5——意志堅定度。

一個5：你思想單純，意志堅定，在感情上即使對方生二心也不會放棄。

兩個5：你的意志並不堅定，做事容易半途而廢，想要成功的話可以嘗試一些創意性活動。

三個5及以上：你熱情而衝動，而且性格固執，絕不改變自己決定的事情，還要他人都聽你的。

## 6——自我價值。

一個6：你天性敏感，渴望被他人承認，只有在別人的認可中才能感到自己的價值。

兩個6：你多愁善感，缺乏自信，只有戀人對你的愛護能讓你獲得自信。

三個6及以上：你非常的自信，時刻期望著展示自己，成為眾人的焦點。

## 7——失戀治療能力。

一個7：失戀後的你還會強顏歡笑，不讓人看出你的心情，不過你的白我治療能力很強，可以從失戀的打擊中走出來。

兩個7：你對戀愛十分投入，所以失戀也會讓你很受打擊，需要向別人傾訴才能紓解。

三個7及以上：你不會輕易動心，一旦戀愛則十分投入，如果遭受失戀的打擊便會一直難以忘記。

## 8──智力和邏輯性。

一個8：你智力普通，但邏輯性很強，做事喜歡循序漸進，不喜歡預期以外的變化。

兩個8及以上：你聰明獨立，表達能力強，有決斷能力，有領導才華，做事得心應手。

## 9──體貼度。

一個9：你總是在嘗試理解別人的觀念，然後盡量予以配合，非常體貼。

兩個9及以上：你總是沉醉在自己的想法中，讓別人覺得很難理解。

# 找啊找啊找朋友

　　十二生肖中，你更適合和誰交朋友，誰是你要小心的人，誰的話你可以相信？其實要知道也不難，從你們的生肖中就可以初窺端倪。

## 【解答】

**鼠和鼠：**很好，但彼此有可能會用卑鄙的手段去欺騙對方。

**鼠和牛：**彼此之間沒有什麼要說的話。

**鼠和虎：**無法產生友誼，虎是理想主義者而鼠是物質主義者。

**鼠和兔：**沒有友誼存在，因為兔對鼠懷有極大的偏見。

**鼠和龍：**會成為好朋友，因為彼此都欣賞對方的才幹。

**鼠和蛇：**很好。他們會有很多時間和機會一起說話，甚至談些閒言閒語。

**鼠和馬：**他們是死對頭，如水火不能相容一樣。

**鼠和羊：**他們只有很短暫的友誼，很快便會鬧翻。

**鼠和猴：**關係良好。但猴常常利用鼠。

**鼠和雞：**只是點頭之交。

**鼠和狗：**沒有友誼，狗會覺得鼠的興趣太俗氣。

**鼠和豬：**可以一同出外遊樂，但豬不會欣賞鼠的侵略性性格。

**牛和牛：**會互相爭權奪利。

**牛和虎：**死對頭。

**牛和兔：**會有良好的友情。

**牛和龍：**牛不會為龍設想，很難產生友誼。

**牛和蛇：**在性格上他們有很多相反的地方，但卻可能成為好朋友。

**牛和馬：**最好別合作，否則會鬥得有我沒你。

**牛和羊**：他們不能忍受對方的脾氣，也看不起對方。

**牛和猴**：牛會喜歡猴，但猴愛作弄牛，只要不太過分，會成為朋友。

**牛和雞**：莫逆之交。

**牛和狗**：性格各異，很難做朋友。

**牛和豬**：只要不常碰面還是可以交朋友的。

**虎和虎**：事業上是好的合作者，但不能生活在同一個家庭裡。

**虎和龍**：互相欣賞，互相合作，可以成為朋友。

**虎和蛇**：不可能成為朋友。

**虎和馬**：經常辯論，找對方的錯處，但卻很享受這種關係，彼此欣賞。

**虎和羊**：合作無間，羊負責出主意，而虎付諸行動。

**虎和猴**：彼此為雙方著想，但最後還是會不歡而散。

**虎和雞**：根本沒有想過和對方做朋友。

**虎和狗**：是真正的知己朋友。

**虎和豬**：共同相處，但豬要時刻提防。

**兔和兔**：會是知心朋友，關係良好。

**兔和龍**：性格吻合，當然會是好朋友。

**兔和蛇**：很好，彼此會很投契，有很多話向對方訴說。

**兔和馬**：會有良好的友誼，甚至會是真正的知己朋友。

**兔和羊**：很好的朋友。兔會欣賞羊的藝術家氣質，而羊也覺得兔的想法很有趣。

**兔和猴**：兩個好朋友，但在一起的話不能成就大事。

**兔和雞**：不會成為朋友。因為雞太愛自誇，而兔會覺得討厭。

**兔和狗**：可以成為朋友，兔會對狗採取諒解的態度，雖然兔不能對狗有

什麼實際的幫助。

**兔和豬**：可以是朋友，只要不一同外出，因為豬的好勝心常使兔不安。

**龍和龍**：不可能成為好朋友，會互相猜忌，有很多摩擦。

**龍和蛇**：會互相幫助，互相合作。

**龍和馬**：不可能是朋友，因為馬太個人主義，付出很少，而要求很多；而龍付出很多，同時亦要求很多。

**龍和羊**：是天造地設的一雙，彼此會對對方的才氣著迷，如果是一男一女，會發展成為愛情。

**龍和猴**：猴可以對龍為所欲為，但龍亦會利用猴。

**龍和雞**：相處雖然融洽，但沒有深厚友情。

**龍和狗**：不會成為朋友，因為狗有時太現實，龍無法接受。

**龍和豬**：是很平淡的友誼，不會深交。

**蛇和蛇**：是很快樂的好朋友，能合力完成事情。

**蛇和馬**：會成為朋友，馬的暴躁脾氣對蛇根本不起作用。

**蛇和羊**：只要蛇樂意幫助羊，就會成為朋友。

**蛇和猴**：只是普通的友誼，沒有深厚的感情。

**蛇和雞**：是好朋友，彼此會有很多的話要說。

**蛇和狗**：很難成為好朋友，最好只限於一般社交往來。

**蛇和豬**：可能成為朋友，又可能不是，只有時間才能判定。

**馬和馬**：很好的朋友，彼此會尊重對方的個性。

**馬和羊**：是好朋友，一起遊玩時會很開心。

**馬和猴**：馬絕不會信任猴，難以成為朋友。

**馬和雞**：一般交際上的朋友，沒有真正的友誼。

**馬和狗：**會討論一些政治問題，如果見解一致，可以成為好朋友。

**馬和豬：**可能建立友誼，但豬是有保留的，這點豬是對的。

**羊和羊：**合得來，但不會太依賴彼此。

**羊和猴：**很好。猴會喜歡羊，在一起時會很快樂。

**羊和雞：**不能建立友誼，性格不同，甚至互相鄙視。

**羊和狗：**不容易成為朋友，會覺得很難忍受對方的作為。

**羊和豬：**可以成為朋友，豬懂得如何和羊相處，也很喜歡羊。

**猴和猴：**很有趣的關係。在一起時，彼此常會作弄對方。

**猴和雞：**志趣不相投，結果只會不歡而散。

**猴和狗：**可能成為朋友，如果猴看得起對方。

**猴和豬：**是兩個好朋友，因為猴尊敬豬。

**雞和雞：**不可能成為朋友，只會互相敵視，互相排斥。

**雞和狗：**心中始終有隔膜，不能互相溝通。

**雞和豬：**豬最好和雞保持一段適當距離。

**狗和狗：**是要好的朋友，但彼此的關係不會很快樂。

**狗和豬：**兩個都是忠心的朋友，豬能減輕狗心中的疑慮，對狗很有幫助。

**豬和豬：**同甘苦，共享樂，是真正的莫逆之交。

# 你的情緒容易失控嗎？

現代社會生活壓力巨大，如果沒有適當的方法排解，久而久之會令人情緒失控，忽然爆發出來，造成不可挽回的影響。想知道你是不是能夠控制自己情緒的人嗎？

## 占卜方法：

在下面五組牌中憑直覺選出1組。

A、紅心J、黑桃4、方塊3。

B、方塊A、紅心9、梅花7。

C、紅心3、黑桃6、梅花Q。

D、梅花2、紅心4、方塊3。

E、黑桃K、梅花5、大鬼。

## 【解答】

### A、情緒失控指數70%。

你個性衝動，是個情緒化動物，只要衝動起來，想說什麼就說什麼，而且說出口之後還不知道自己說錯了，也完全沒注意到對方聽到了會不高興，說多錯多，不知不覺就傷害到了別人。所以當衝動的情緒沖上腦門的時候深呼吸一下，想想你要說的話到底該不該說，不該說的話就別說，多做事少說話才是聰明的選擇。

### B、情緒失控指數50%。

你做事勤勉謹慎，專心致志，有一套自己的處事標準，但你也喜歡用自己的標準要求他人，希望對方和你一樣認真專注，如果對方做不到你的要求，你會很不高興。另外你還對那種只靠嘴皮子不勞而獲的人非常憤慨，又不喜歡別人干涉你做事的方式，對於瑣碎的事情及虛偽的交際活動已到了憎恨的地步，所以一旦有人干涉你的行為，或者當你看到無法接受的事情時，你就容易情緒崩潰，產生想罵人的衝動。

### C、情緒失控指數30%。

你的個性沉悶，對於身邊的事情一向很少有情緒上的反應，就算身邊的人怎麼做都很難動搖你的情緒，所以你也很少有情緒失控的時候。但是長此以往會讓你變得性格憂鬱，而且因為你和周圍人的格格不入會讓你受到他人的排擠，可是你又不想多做解釋，讓誤會越積越深，最後反而給了你自己很大壓力，造成情緒失控的可能。

### D、情緒失控指數100%。

你熱愛交友，喜歡和朋友們在一起遊玩，其實是因為你很怕孤單寂寞，只要一個人獨處的時候就會覺得不安，產生憂鬱感，然後就會開始拼命找朋友，希望能夠擺脫孤單的感覺，如果無法如願，你的情緒就會爆發。你是個非常容易被環境影響情緒的人，其實當情緒來的時候你可以嘗試轉移自己的注意力，到戶外走走，到大自然中放鬆一下，可能讓你情緒得以自然發洩，而不會傷害到周圍的人。

### E、情緒失控指數80%。

你一向很愛出風頭，但個性又大咧咧，很容易觸怒了別人而不自知，所以人際關係總是處理的不好。其實你是很在乎友誼的，又很愛面子，一旦別人對你表示不滿，你會覺得自尊心受傷，卻又不知道是自己的問題，所以容易產生極端的情緒化行為。如果能夠試著放下身段，多聽聽別人的意見，遇事多理性的思考一下，你會發現人際關係會比你現在好得多。

中篇

福祿壽喜財，好運一起來——

# 日日吉凶大占卜

# 一日運程大占卜

　　想知道今天的運程怎樣嗎？不妨自己用撲克牌來占卜一下。

## 占卜方法：

　　將撲克牌中的鬼牌去掉，只留52張，然後按照今天的日期切牌。也就是說，今天是多少號，就切牌多少次，假設今天是7號，那就切牌七次。之後在心中想著：「今天是怎樣的一天呢？」然後從所有牌中隨意抽出一張來，就可以知道你今天的運程了。

## 【解答】

### 【紅心】預示戀愛。

紅心A：今天絕對會有好事喔！就算是主動出擊也會成功。

紅心2、5、8、Q：你喜歡的人會出現，或者你會發現誰才是你最重要的對象。

紅心3、6、9、J：要小心喔！今天的妳和危險的男生有緣，但對這樣的關係千萬要先仔細想想。

紅心4、7、10、K：就算有戀情的發生，也是一段短暫的感情，所以要好好保護自己，不要受傷。

### 【梅花】預示學業和友情。

梅花A：同樣是最佳的預告牌，考試會非常的順利，跟朋友的關係也非常好。

梅花2、5、8、Q：在學業上，如果是理科方面的話會遇到阻滯；在友情方面，你會獲得朋友們細心的小關懷。

梅花3、6、9、J：如果有課本之外的進修，一定會很順利；在友情方面，會和朋友們一起發現新的樂趣。

梅花4、7、10、K：在學業上，可以好好下點工夫喔！一定會有不小的收穫；在友情方面，小心別對朋友說出太嚴苛的話。

### 【方塊】預示金錢。

方塊A：金錢運極佳，隨時會有意外的收入。

方塊2、5、8、Q：今天可能會有人向你借錢喔！如果糟糕的話可能會被敲詐。

方塊3、6、9、J：會有得到意外之財的機會，但機會卻很難把握。

方塊4、7、10、K：會有一些意外的賺錢機會。

## 【黑桃】預示不吉利。

黑桃A：可能會因為知道了別人的祕密而導致危險喔！

黑桃2、5、8、Q：小心被人趁虛而入，比如推銷員之類。

黑桃3、6、9、J：會興起一些壞念頭，但就算成功了也會招來怨恨喔！

黑桃4、7、10、K：不要興起對人不利的念頭喔！否則會損人不利己。

# 最愛看相的星座

## 【解答】

### 第一名：水瓶座。

　　水瓶座永遠都在追尋生命的奧祕，至於要怎樣探祕，占卜當然是最常用的方式啦！不論是心理測驗還是星象算命，不論是東方的八字風水還是西方的星座血型，水瓶都絕不放過。

### 第二名：天蠍座。

　　有關神祕的東西怎麼能少了天蠍的份呢！對於這種東西，天蠍一向是不做則已，要做就做到底，全套一起上。而且對天蠍來說，占卜這種東西可不是迷信喔！這可是實實在在的科學。

### 第三名：雙魚座。

愛好幻想的雙魚座，喜歡為自己規劃一個美麗浪漫的未來，幻想了這麼多，當然是給自己算一算，看看是不是能真的實現最好。而且，就算是不信星座的雙魚座，也會信奉某種宗教，期望能夠找到未來的一些提示。

### 第四名：巨蟹座。

巨蟹座是出名缺乏安全感的，所以憂思多多，總是在擔心，擔心自己，擔心家人，擔心朋友，擔心的時候怎麼辦呢？不妨占卜問卦一下。所以巨蟹座也是很愛占卜的，而且占卜的時候一定會幫自己的親人和朋友也問一問，非常友愛。

### 第五名：處女座。

處女座雖然很實際，但卻出乎意料的喜歡占卜呢！原來處女座喜歡早早計畫好未來的事，而占卜對其來說就是能幫助輕鬆制訂未來計畫的方法了。只是，處女座不喜歡被別人知道他喜歡占卜，也不想讓人知道他問些什麼。

### 第六名：魔羯座。

魔羯座其實絕對相信命運，是個會偷偷摸摸去占卜的星座。不過比起請別人占卜來說，魔羯座更相信自己喔！佩戴水晶或者其他轉運物之類，反而更合魔羯的心意。

### 第七名：天秤座。

天秤座對生命充滿好奇，常常想知怎樣自己會這樣而不是那樣，這種事當然問神比較好。而且天秤座處事猶豫，占卜倒不失為一個給自己

信心的好方法。若是小事天秤座也許自行解決，但一遇到大問題，還是求神問卜好了。

## 第八名：牡羊座。

自信破表的牡羊座最信的人是自己，神？看不見的東西為什麼要相信？所以牡羊座就算占卜的話也是圖好玩，他才不信這個呢！

## 第九名；金牛座。

最最講究實際的金牛座是不會相信占卜這種事的，今天穿藍色就會財運降臨？笑話！他相信的是凡事要靠自己的雙手，一分耕耘、一分收穫，至於占卜？只是迷信罷了。

## 第十名：獅子座。

要是聊占卜星象之類，獅子座會是其中侃侃而談的那個，熱絡的語氣會讓你以為他是個占卜迷，可是實際上，除非倒楣到不行，獅子座是不會相信這個的，要知道獅子座的主宰一定是他自己。

## 第十一名：雙子座。

多變的雙子座想法多多，可能剛剛占卜完就忘記占卜結果了，又或者過一會兒已經不是這樣想的了；一會兒對占卜嗤之以鼻，一會兒又覺得占卜異常的神準。所以對雙子座來說，占卜恐怕是在浪費時間金錢。

## 第十二名：射手座。

射手座對待占卜是兩個極端。有些射手座會覺得占卜毫無必要，反正不論好壞總會發生，何必要占卜呢？但是如果愛上了占卜的射手座，就會成為其中的狂熱分子，異常投入。

# 最近會倒楣嗎？

　　想知道你最近會不會倒楣嗎？在下面十張牌中憑直覺選出一張來就能知道了。

　　A、Joker　　　　B、紅心K　　　　C、黑桃3

　　D、梅花4　　　　E、方塊2　　　　F、黑桃5

　　G、梅花9　　　　H、紅心A　　　　I、梅花10

　　J、方塊7

## 【解答】

A、Joker──倒楣指數50。

　　最近忙於和久未見面的朋友聚會，讓你樂在其中，結果卻忽略了自

己的家人，容易導致爭吵。平衡好家人和朋友的關係才是最重要的。

## B、紅心K——倒楣指數0。

最近你風頭正勁，一切計畫都會按照你的想法進行，朋友又會盡力給予幫助，正是風生水起之時，絕不會倒楣的。

## C、黑桃3——倒楣指數80。

你性格太過倔強，凡事都不肯認輸，會讓你的另一半覺得你難以相處，因此最近要小心出現第三者喔！多體諒對方的心情，才能維繫你們的感情。

## D、梅花4——倒楣指數70。

你總是一副無所謂的樣子，對什麼事情都不在乎，也沒有什麼目標，要知道不夠積極主動會讓你失去很多東西的。最近要小心遲到誤事，以及呼吸道方面的疾病。

## E、方塊2——倒楣指數10。

多和同事朋友們親近，送點小禮物，請吃飯都可以，可以幫你拉近彼此的感情。最近要小心因不善言辭被人冤枉，感情上記得多動動腦筋逗人高興。

## F、黑桃5——倒楣指數90。

最近會有無妄之災，就算是人家故意挑釁，忍一時之氣才是聰明的選擇。要小心行車安全，因為被開罰單的可能性很高。

## G、梅花9——倒楣指數40。

最近在金錢上有點緊巴巴，想做的事做不了，既然不開心還不如努力賺錢改變現狀。記得別輕易借貸，以免債務纏身。

### H、紅心A——倒楣指數20。

你太過挑剔，雖然這樣做事情不錯，但會影響你的人際關係，所以有約會的話要當心被人放鴿子。

### I、梅花10——倒楣指數30。

最近做事都還蠻順利的，但千萬不可鬆懈，一鼓作氣才行。做事情前多參考長輩的意見，別輕易聽信別人的話。戀愛的人要小心感情破裂。

### J、方塊7——倒楣指數60。

風水輪流轉，平常愛整人的你現在要小心被人整喔！金錢方面會有一定的損失，也要小心熬夜上火長痘痘。

# 瓜子中看出你最近的忌諱

　　身邊的東西都可以用來占卜，這次試試用瓜子來占卜吧！隨意抓一把瓜子，然後四粒四粒的撥開，看看最後剩下的瓜子數是幾，就可以知道你最近在哪方面要特別小心了。

## 【解答】

### （1）不剩——小心被出賣。

　　你對人從來不設防，以為人人都是好人。別人只要奉承你就覺得他是好人，對人完全信任，一旦碰上了陽奉陰違之徒，也許人家在背後散佈謠言，講你是非，但你卻完全不知道。

　　化解之法：害人之心不可有，防人之心不可無，聽別人的話時多動

動腦子，自己判斷對方的真偽。佩戴藍水晶吊墜可以助你頭腦清晰，更清楚地分辨是非。

### （2）剩下1粒──小心愛情陷阱。

要小心在感情上受人欺騙，跌進人家的感情圈套。也許你剛剛認識了一個讓你動心的人，其實對方早已名花有主，卻沒有讓你知道；或者和你在一起的人並不是真心喜歡你，最後會讓你受傷害。

化解之法：在床頭放一株葉子較大的植物，可以化解愛情上的麻煩。

### （3）剩下2粒──學業／工作不順利。

在學業或工作方面可能會有阻滯，事先訂好的計畫卻沒能如期完成，或者你發現事情並不如你設想的簡單，而是困難重重，需要花費大量的時間和精力才能完成，又或者是意外出現的人和事影響了你的計畫進度。

化解之法：多搭配和綠色有關的衣服、用品等，因為綠色的東西可以幫助改變困局。

### （4）剩下3粒──人際關係不和。

這段時間你的心情可能不大好，因此容易和人發生爭執，甚至導致誤會。要注意克制自己的情緒，不要為了小事而發脾氣，或者說一些會得罪他人的話。

化解之法：紫色的擺設或者佩戴紫色的飾物是調劑人際關係的好方法。

# 煎雞蛋裡的預兆

　　煎雞蛋是廚藝入門的第一步，但是你知道嗎？煎雞蛋時也可以看出你今天的健康運程呢！如果你打算用荷包蛋做為今天早餐的話，不妨順便看看自己今天的運程吧！

　　方法很簡單，在煎雞蛋的時候，把雞蛋敲向鍋邊，倒進鍋裡，從過程中就可以判斷你的健康運程了，不過要記得只能敲一次。

## 【解答】

（1）一次沒能把雞蛋打開——說明你精力透支過度了，要小心傳染性的疾病。記得多休息，去醫院聽聽醫生的建議也行。

（2）雞蛋沒能全部打進鍋裡——沒有一次成功的話，說明你運動太

少，反應遲鈍喔！要改變的話，就多運動吧！另外多喝水、吃健康食品也是個好方法。

（3）雞蛋打進鍋裡，但蛋黃破了──說明你休息得不夠，導致體內燥熱，身體上會出現一些小毛病。記得多喝水、多吃水果，喝點涼茶也是不錯的選擇。

（4）蛋黃在蛋白中央──病從口入，你可能會因為食物莫名其妙的長出小暗瘡來，要注意飲食衛生喔！

（5）蛋黃不在蛋白中央──說明你可能有腸胃不適、便祕、胃痛等毛病。注意一下飲食會比較好。

# 中國星座看你的運程

除了西方有十二星座之外，在中國傳統曆法中也有星座的演算法，只不過中國的星座只有九個，是根據你的出生年來計算的。對照下面的表格，看看你屬於哪個星座。

| 星座 | 出生年分 |
|---|---|
| 白星1 | 1971、1980、1989、1998、2007 |
| 黑星 | 1970、1979、1988、1997、2006 |
| 碧星 | 1969、1978、1987、1996、2005 |
| 綠星 | 1968、1977、1986、1995、2004 |
| 黃星 | 1967、1976、1985、1994、2003 |
| 白星2 | 1966、1975、1984、1993、2002 |
| 赤星 | 1965、1974、1983、1992、2001 |
| 白星3 | 1964、1973、1982、1991、2000 |
| 紫星 | 1963、1972、1981、1990、1999 |

注意：出生年分根據農曆計算，在農曆春節以前出生的人屬前一年出生。

## 【解答】

（1）白星1。

你外柔內剛，性格固執，善於交際。在事業上，不太適合管理工作，亦不可貪心求進，最好安守自己的職位，隨著年齡增長，工作會越來越好。女性會兼顧事業與家庭，但固執的性格會影響戀愛。

（2）黑星。

　　你性格有些猶豫，嫉妒心強，不喜順從別人。在工作中記得要對人恭敬有禮才行。戀愛方面，容易迷惑的性格會影響你的戀愛運，有所動搖時不妨多諮詢一下朋友的意見，一如既往才能保證戀愛順利。中年以前不可發生情色糾紛，否則會招致禍患。

（3）碧星。

　　你性格爽直，但缺乏耐心，做事虎頭蛇尾，要想成功，需自我約束、謙虛待人。事業會在中年之後有所成就。婚姻運較淡，但若能和睦家庭，對自身的運程會有幫助。

（4）綠星。

　　你才智出眾，但憂思過多，迷惑時不妨聽聽別人的忠告。在感情上，你懂得照顧他人，因此非常惹人喜愛，但對婚姻問題要小心處理，否則有再婚的可能。

（5）黃星。

　　你性格大方開朗，氣運強順，但性格固執高傲。工作中一定要謙虛才能成功，一味瞧不起人，只會招致失敗。戀愛運不順，但結婚後就會有穩定的家庭。

（6）白星2。

　　你自尊心太強，做事急躁，需知腳踏實地才能有所成就，千萬不可驕傲。戀愛運平平，婚後對伴侶多加遷就，便能使家庭和諧。

## （7）赤星。

你外表溫文，善於交際，但內心驕傲，自以為聰明而看不起人。男性要注意自己的言行舉止，小心男女問題，女性則要避免浪費。

## （8）白星3。

你外柔內剛，物質運強，有白手起家的能力，但慾望不可太露，做事也千萬不要太鑽牛角尖，小心謹慎為上。男性適宜晚婚，要重視家庭生活，女性盡量不要嫁給長子。

## （9）紫星。

你外形出色，多情但善變，看似堅強實則脆弱，記得做事要有始有終，不可誇張，不要貪圖物質享受。已婚男士要慎重處理婚姻關係，否則可能再婚。

# 牙籤占卜你的事能成功嗎？

　　取五支牙籤放在手中，用兩手疊加捏緊，把想要問的問題在心中默唸，然後用力折斷牙籤，從牙籤折斷的數目，就可以知道你要問的事結果會如何了。

## 【解答】

（1）五支牙籤全部折斷：你的心願可以達成，只是需要你多花費一些精力，只要你有付出，那麼就一定會有收穫。

（2）折斷四支牙籤：成功就在眼前，只要你能夠堅持下去，就能夠達成心願。唯一需要小心的是親近的人會出賣你，所以自己的祕密還是先不要對人說吧！

（3）折斷三支牙籤：可能會出現被孤立的局面，所以現階段還是韜光
養晦，埋頭做好自己的事吧！只要堅持向前，現在的逆境總會過
去的，不過千萬不要忘記曾經幫助過你的人啊，否則會有報應
的。

（4）折斷兩支牙籤：因為是非和小人的出現使你處處碰壁，但只要抓
住機會，你就能達成心願。如果能夠幫助你的人沒有出手相助也
不要害怕，轉變一下你的生活方式，你會得到更多。

（5）折斷一支牙籤：雖然有了好的想法，但因為沒有可以商量的對
象，所以還是覺得迷惘。這時候也許經濟上有困難，但只要能忍
耐，就能達成理想。

（6）沒有牙籤折斷：要達成心願會有許多的阻滯，所以現在最好不要
有什麼舉動，以靜制動比較好。要注意身邊的微小事物，千萬不
要隨意得罪人。

# 十二生肖起運時間

　　每個人的命數不一樣，起運時間也是不一樣的，下面的分析可供參考。

## 【解答】

（1）鼠。

　　鼠屬於天貴星，排位第一。通常屬鼠的人志向極高，利慾心很強，很早就會確立自己的目標，因此在十幾歲時就可以展現出自己的風采。

（2）牛。

　　屬牛的性格誠實勤奮，任勞任怨，做事往往都是埋頭苦幹，但因

為不太善於交際，慣於忍耐，因此起運稍微晚一點，一般要到25～26歲。

### （3）虎。

虎內心堅毅，自信十足，很有幹勁，但習慣於獨來獨往，凡事不喜與他人合作，所以通常要到中年之後才會有很好的成績。如果在30歲之前有了成就，那多半也只是事業的一個小高峰，更大的收穫還在後面。

### （4）兔。

屬兔者性格溫和沉靜，喜靜不喜動，多半都安於現狀，很少試圖去開拓疆域，爭取收穫，因此容易喪失機會。所以屬兔者的起運時間多半在28～33歲這五年當中。

### （5）龍。

龍性格剛強勇猛，但也自視頗高，極為自負，因此有時候做事偏激，容易與他人意見不合，導致到手的機會喪失，但屬龍者天生有貴人相助，起運還是比較早的，通常16～18歲就可以起運。而如果能夠聽取別人的意見，那28、38、48都會有好機會。

### （6）蛇。

屬蛇者才智聰穎，交際又廣，善於跟別人打交道，因此要成功也很容易，但屬蛇者不定性，目標常常更換，經常做出了一點成就就失去了興趣，轉向別的方面。通常起運的時間是26歲。

### （7）馬。

屬馬者喜動不喜靜，樂於交際，愛出風頭，善於與人合作，而且屬

馬者也多有貴人相助，起運時間很早，16、17歲就能起來了。

（8）羊。

屬羊者性格溫柔善良，禮貌謙恭，但因為同情心太強，容易上當受騙，於是屢屢受挫，直到承受了種種磨難教訓，讓屬羊者意識到必要時必須狠一點的時候，他們才能起運，這時大概已經是35歲了。

（9）猴。

屬猴者性格活潑，聰明伶俐，多才多藝，但愛說大話，做事情又不肯踏踏實實，往往虎頭蛇尾，毛毛躁躁的。不過屬猴者起運時間比較早，多半在21歲就可以起運。

（10）雞。

屬雞者聰明勤奮，胸有大志，而他的起運時間和貴人相關。如果有貴人相助，那屬雞者能夠早日成功，大概在22歲就起運了，但如果沒有貴人相助，起運時間通常在26歲，或者到30歲才來臨。

（11）狗。

屬狗者勤奮忠厚，有膽有識，但因為太過忠厚，所以多半是做為輔助他人的功臣，缺少屬於自己的事業，只有在被輔助者成功後才會開始自己的事，因此屬於大器晚成型，通常在32歲以後起運。

（12）豬。

屬豬者性格直爽坦白，但也因此容易得罪人，如果能夠放開心胸，心氣平和一點，才能保證自身事業的順利發展，而到這個時候，通常也是32、33歲左右了，這也是屬豬者的起運時間。

# 古埃及文字占卜你一天吉凶

凡是古老的東西總是神祕的，而擁有古老文明的埃及更是充滿著令人著迷的魔力。五千多年前通行的古埃及象形文字是世界上最古老的語言之一，也是埃及人用來占卜吉凶的符號，古埃及人將這些文字刻在石頭上，在占卜時任意誠心選擇一塊，就可以知道今日的運程了。流傳了五千年的占卜方法可是相當靈驗的喔！不相信你也試一試！

## 占卜方法：

在下面六個語詞中任意選擇一個，記得一定要誠心喔！

A、城市。　　　　B、樹木。　　　　C、水。

D、沙漠。　　　　E、屋舍。　　　　F、遊戲。

## 【解答】

A、你今天運勢極佳，不論在哪一方面都異常順利，能夠輕輕鬆鬆完成。唯一需要擔心的是人際關係的問題，要好好對待你的身邊人，將你的成功和家人分享，不要在背後說人是非，讓朋友對你疏遠。

B、你今天會遇到非常好的機會，一定要好好把握。今天會發生一些令你成長的事情，比如學到新的東西，令你受益匪淺。如果是已婚的人，則很有可能會有小生命降臨喔！

C、你今天的生活平靜如水，不會有特別的大事發生，工作和生活都非常的順暢，效率極高。唯一要小心的是出些小錯，但是如果能虛心請求前輩的指導，就可以輕鬆的解決問題了。

D、你今天的事情不會順利，做事都很難成功，所以今天最好韜光養晦，千萬不要與人爭執或競爭，避免造成不必要的損失。不過今天

的財運還不錯，有機會獲得一筆意外之財，更有可能解決曾經的經濟困難。

E、你今天宜動不宜靜，要少說話多做事，最好要有動的情況出現，比如出遊、搬遷、換工作等來轉運，否則會造成工作或生活上的困境，嚴重的甚至可能惹上官司。

F、你的愛情狀況會發生一些改變，如果是單身的話，那麼你很可能遇見理想的另一半，開始一段新的戀情；但如果是戀愛的人就要小心了，它表示你的愛情有些動盪，可能會有爭吵，嚴重時也許會導致不可挽回的裂痕，所以要好好呵護你的愛情喔！

# 你能轉運嗎？

　　最近的運氣很背嗎？事業不順利、感情受挫、健康狀況不佳？想知道什麼時候才能來個命運大翻盤嗎？

　　不妨選出以下四款寶石中的一種，看看你何時能夠轉運。

　　A、紅寶石。

　　B、藍寶石。

　　C、祖母綠。

　　D、海藍寶石。

## 【解答】

### A、轉運指數100%

恭喜你，你的好運終於來了，而且是非常非常好。單身的人會有新的戀情降臨，而已有戀人的感情會有進一步的發展。工作方面你會有很不錯的成績，與同事相處融洽，家人也會全力支持你。總之是一切都很幸福，你只要好好享受就是了。

### B、轉運指數80%

這款寶石表示你工作方面的轉機。工作方面開始有進展，只要你這時候能夠和同事齊心協力，就能夠順利解決問題。要記得很多事情都是互惠互利的，只有懂得為別人付出，才能夠得到他人的支持。

### C、轉運指數70%

這款寶石也表示你工作方面的轉機。你現在所做的事暫時還不會有太大的收穫，但只要你堅持下去，就能夠從中獲得不少經驗，時間會證明你長久以來的努力。只要你不斷提升自己，就能獲得別人的信任和尊重。還要記住，要讓自己更好融入到人群中，才能獲得更好的工作機會。

### D、轉運指數90%

這款寶石表示你在愛情和財運方面的轉機。有戀人的會彼此更加互相吸引，兩人都樂意為這段感情付出精力，開始享受快樂的時光。財運方面，你吃喝不愁，物質生活豐富，但還是要謹慎理財的好。

# 你最近容易被騙嗎？

　　雖然大家都知道騙人不是好事，不過總有那麼多人喜歡不時騙別人一把，即使是善意的騙局，被騙的人也是不太開心。如果不想被騙，就來占卜一下，看看你最近的被騙指數有多高，讓你做好準備。

## 占卜方法：

　　根據你自己的直覺，從下面的圖片中選出你最喜歡的一張。

A

B

C

D

## 【解答】

### Ａ、被騙指數50%

選擇這張牌的你，是一個相對而言很有判斷力的人，對於別人的話你不會輕信，而會經過自己的思考之後再決定，所以你並不是太容易被騙。

### Ｂ、被騙指數20%

選擇這張牌的你，是一個自我保護意識很強的人，你有很堅定的標準，非常相信自己，也從不會輕易相信別人的話，因此要騙你很難。

### Ｃ、被騙指數75%

選擇這張牌的你，是個天真無邪的人，看事情總是只看表面，而不去深思背後的問題。遇事多看看周遭的情況，用自己的腦子想想，可以讓你沒那麼容易被騙。

### Ｄ、被騙指數90%

選擇這張牌的你，擁有一顆少女（少男）的心，你總是覺得自己很聰明，所以絕對不會被人家騙，就算你會想「他是不是在騙我」這樣的問題，但卻很難分析清楚，所以你要小心了，因為你實在太容易被騙了。

# 犬吠看運程

來個簡單的占卜吧！要知道未來的運程，聽聽你家的寵物犬在什麼時候叫吧！

## 【解答】

子時：家庭中會有紛爭。

丑時：會心神不寧。

寅時：會有意外的財運。

卯時：之前的投資會有回報。

辰時：金錢和運勢都不錯。

巳時：有親友從遠方來相聚。

午時：會有宴會，享口腹之慾。

未時：親人死亡的凶兆。

申時：家中會有小麻煩。

酉時：地位會高升。

戌時：小心口舌招災。

亥時：會惹上官司紛爭。

# 耳朵發熱了嗎？

　　中國傳統的占卜中，身體上的某些小反應其實就是某種預兆，代表著即將要發生的事情，諸如耳朵發熱、打噴嚏、眼皮跳都可以知道將要發生什麼事。現在，你耳朵發熱了嗎？

## 【解答】

（1）左耳發熱。

　　子：最好去廟裡拜拜。

　　丑：會有喜事。

　　寅：會有人宴請你。

　　卯：有朋自遠方來。

辰：財運不錯。

巳：小心會損失財物。

午：有好事要發生。

未：有客人來。

申：會有喜事。

酉：事情很順利。

戌：容易與人發生爭執。

亥：會有官司纏身。

## （2）右耳發熱。

子：事情會很順利。

丑：事情會很順利。

寅：事情會很順利。

卯：任何事情都可以順利。

辰：有財運喔！

巳：事情都不順利。

午：工作很順利。

未：有人要請求你的幫助。

申：會有人請你吃飯。

酉：姻緣到了。

戌：有好事要發生。

亥：會有官司纏身。

# 小噴嚏預示大事件

子：會有人請吃飯。

丑：會有人請你幫忙。

寅：會有客人到訪。

卯：財運不錯。

辰：會有人宴請你。

巳：投資的話會有好的回報。

午：遠方的朋友會邀請你去玩。

未：會有很好的事情發生。

申：最近壓力很大。

酉：擔心的事情如果說出來了就會解決喔！

戌：喜歡的人會對你表白。

亥：會受到一場虛驚，但結果很好喔！

# 眼皮跳，有預兆

## 【解答】

（1）左眼。

　　子：會有貴人相助。

　　丑：有令你煩惱的事。

　　寅：遠方有客人來。

　　卯：會出現你命中貴人。

　　辰：有客人來拜訪。

　　巳：有人請吃飯。

　　午：有人請吃飯。

　　未：事情都很順利。

申：有好機會到來。

酉：會和朋友聚會。

戌：抓住機會就能成功。

亥：會有桃花運。

## （2）右眼。

子：會和朋友聚會。

丑：會有人想你。

寅：好事要發生了。

卯：和周圍人關係很好。

辰：小心會破財喔！

巳：會有不好的事情發生。

午：有很不好的事情。

未：會有小小的錢財損失。

申：有好事要發生。

酉：喜歡的人會出現。

戌：有親人會來。

亥：手上的工作會很順利。

# 面熱占卜法

## 【解答】

　　子：有好事會發生。

　　丑：最近桃花運很旺喔！

　　寅：會和朋友相聚。

　　卯：有人請吃飯。

　　辰：會和朋友相聚。

　　巳：有不好的事發生。

　　午：喜歡的人會出現。

　　未：會和人發生爭執。

　　申：有貴人相助。

　　酉：有人會給你很好的忠告。

　　戌：有人請吃飯。

　　亥：會和人發生爭執。

# 你喜愛的東西會失而復得嗎？

　　最近是不是遺失了自己心愛的東西？是錢包掉了？還是最喜歡的衣服怎麼都找不到？或者熱戀的情人卻突然和你分手了？想要尋回自己失去的東西，看看究竟有沒有失而復得的機會，占卜一下就知道了。

## 占卜方法：

　　依直覺從下列撲克牌的組合中挑選一個。

　　A、草花2、紅心A、紅心6。

　　B、草花J、方塊5、紅心Q。

　　C、草花A、方塊4、紅心6。

　　D、黑桃9、草花4、方塊7。

E、黑桃K、紅心Q、大鬼。

F、草花4、方塊4、紅心K。

## 【解答】

### A、失而復得指數80%

你才華橫溢，能適應不同的環境，喜歡幻想，最近好運光臨，舊情復燃的可能性頗大。失去後才知道原來的好，既然不介意跟對方繼續有情感或肉體上的曖昧，那很容易會和對方重續前緣。雖然在物質上不會有太大的成就，但是身心還是挺幸福的。

### B、失而復得指數30%

你總是粗枝大葉，丟三落四的，很多時候就算是錢掉了，你自己還弄不清楚。不過你性格親切謙恭，好東西又樂於與人分享，頗有劫富濟貧的俠義精神，對於感情事也比較順其自然，合則聚，不合則散，不會耿耿於得失。

### C、失而復得指數60%

你個性率直，活潑開朗，喜歡無拘無束的生活，失去的東西對你而言都已經是過去的事，你也不會再為之傷感，反正舊的不去新的不來，你自信更好的選擇就在前方，所以也不會太在乎。

### D、失而復得指數70%

你頭腦冷靜，做事勤勉，思維清晰，處理事情有條不紊，很少出錯，因此也很難有物質上的損失。但因為太過一絲不苟，有時反而無法

掌握大方向，容易在感情上有所挫折，但只要能夠拿捏好分寸，還是很有可能失而復得的。

## E、失而復得指數20%

你正直自信，但偏偏極愛面子，對於失去的東西絕不願表現出太多的關切，以免被別人知道，就算要尋找也只是自己偷偷地獨自進行，打死不向外界求助，所以要想找回失去的東西只好碰運氣囉！

## F、失而復得指數90%

你個性溫和踏實，行事沉著慎重，非常追求物質享受，為人幽默風趣，常得到朋友的青睞。由於朋友太多，所以常常會有人向你借錢，你又會因不好意思開口而討不回自己的錢。雖然內心不願意，卻無法拒絕朋友的要求，其實只要肯開口，能要回來的機會還是很大的。

# 骰子預知今日運勢

　　你知道嗎？骰子最早被設計出來就是用來占卜的，只是後來才慢慢演變為博彩用具的。現在，就讓我們試試骰子最初的奇異能量吧！

## 占卜方法：

　　準備三個骰子和一張五十公分的正方形紙，將紙鋪在桌面上，心中想著要占卜的事情，然後將三個骰子同時丟在紙上，看骰子的合計數是多少，就可以對照解答瞭解你的運勢了。擲骰子時，如果其中有一個落到紙的外面，就必須重來；如果連續出現兩次這種情形，那表示你今天實在不適合算命。如果骰子掉到桌子底下，就是惡運的兆頭，可能你的心願很難實現，或者你將與人爭吵，發生口角。

## 【解答】

**（1）合計數3。**

恭喜你，你的心願可如期達成。

**（2）合計數4。**

煩惱的事情不斷發生，會讓你感到失望、灰心。

**（3）合計數5。**

命中有貴人相助，沒什麼好擔心的。而且，還會從意外的人口中得知好消息。

**（4）合計數6。**

要達成心願可能會損失財物，還是小心謹慎較好。

**（5）合計數7。**

對愛情而言，可能會出現對手或不好的流言。

**（6）合計數8。**

你的願望可能無法輕易達成，但要記住放棄只會讓你徹底失敗。

**（7）合計數9。**

這個數字代表麻煩。但是如果三個數字都是3，則表示你的希望很快就能實現。

**（8）合計數10。**

遇到難題的時候不妨往自己身邊尋找幫助吧！其實家人才是你最大

的助力。

**（9）合計數11。**

親人或朋友可能生病或有麻煩，讓你操心。

**（10）合計數12。**

好消息立刻就會到來，看你如何把握了。

**（11）合計數13。**

所有的不幸即將結束，就耐心等待好運的到來吧！

**（12）合計數14。**

會出現新的朋友或貴人。另外，要暫時拋棄己見，多聽聽別人的看法。

**（13）合計數15。**

主動出擊會讓你達成心願，但小心慾望太多招致失敗。

**（14）合計數16。**

適宜出外旅行或搬家，只要改變一下環境，好運就會隨之而來。

**（15）合計數17。**

聽聽遠方朋友或長者的忠告，你會受益無窮。

**（16）合計數18。**

這是最最幸運的徵兆，不論什麼事都會完全照你的想像發展。

# 經期看妳這個月的心情

女孩子的經期會影響心情，心情也會影響經期，其實這件事早在幾千年前就被人知道了喔！在古老的印度，有位美麗的女王就發現了每個月經期來潮的時間中預示了這個月的心情。

下面的每個數字代表的是妳月經來的日期，對應後面的文字，就能知道妳這個月的心情囉！

## 【解答】

1日──過去不好的朋友現在好了。

2日──令人傷心的事情將要發生。

3日──這個月會生氣。

4日──令人興奮的消息要到來。

5日──心情不舒暢。

6日──有人會送妳禮物。

7日──不要貪於玩樂。

8日──有事阻礙妳。

9日──有人愛妳。

10日──意料不到的人來找妳。

11日──和朋友的感情很好。

12日──心情總不好，感覺很難受。

13日──發生不開心的事。

14日──今天會有人給妳發消息。

15日──將得到很多收入。

16日──將要出去玩。

17日——有人暗戀妳。

18日——將得到幸福。

19日——妳有妳的隱情。

20日——跟朋友關係不好。

21日——有不幸的事情發生，或者身體不好。

22日——有事會發生。

23日——會有好事情發生。

24日——生活充滿幸福。

25日——最近有人得到幸福。

26日——有人愛妳，並且愛得很專一。

27日——有人愛妳。

28日——這個月裡很傷心。

29日——心情總是不好。

30日——得到了留戀的東西。

31日——生活充滿快樂。

# 水中的小紙片

　　所有人都希望自己的運氣上升，也因為這個心理，很多的占卜都是以浮沉來預兆吉凶的。

　　下面就是占卜師設計的一種「浮水占卜法」，能夠輕鬆預知吉凶。

## 占卜方法：

（1）準備好大小一樣的紙片三張、盆、一支筆和水。

（2）在其中的兩張紙張上分別寫上「是」、「否」，第三張紙不用寫任何東西。

（3）將三張紙放在盆中。

（4）將水慢慢的倒入盆中，一邊倒一邊集中精神想著自己的問題（只限問是非題）。

## 【解答】

　　看看哪張紙先浮上來，這張紙上的字就是你所占卜的答案。若是留白的紙浮上來，則表示事情的結果尚不明朗，可以在幾天之後重新占卜。

# 撲克牌預測最近的命運

## 占卜方法：

（1）準備一副撲克牌，留下去掉鬼牌的五十二張牌。

（2）洗好牌，將牌分成任意兩堆，然後將這兩堆牌最上面的那張拿出
來，看兩張牌加起來的數字是多少。之後將剩下的兩堆牌合起
來，重新洗牌，然後按照剛才兩張牌加起來的數字數出同樣的撲
克牌，剩下撲克牌中的第一張就是占卜的關鍵牌了。比如說拿出
的兩張牌加起來等於八，那麼第九張牌就是你要的關鍵牌。對照
下面的解答，就可以知道你最近的運程了。

# 【解答】

## （1）關鍵牌——紅心。

Ａ——碰到初戀情人並舊情復燃。

2——會收到珍貴的禮物。

3——小心遺失東西。

4——與戀人間會產生誤會。

5——會有約會。

6——有人暗戀你。

7——會有不認識的人向你表白。

8——戀愛中的人，一定會達到目的。

9——最近會得到大家的信任。

10——好運當頭。

Ｊ——受到長輩的嘉獎。

Ｑ——與人合夥事業會成功。

Ｋ——會有新朋友。

## （2）關鍵牌——黑桃。

Ａ——商業上的交易、談判都會很順利。

2——安定的生活會有意外的波折。

3——過去的事會被翻出來。

4——會有些糾紛，十分忙碌。

5——平安無事，但若從事新的工作就會失敗。

6——會給別人很好的印象。

7──會有意想不到的事發生。

8──有精神方面的焦慮症。

9──有非常好的同事和家庭。

10──生活波動，會遭逢意外災難。

J──沉迷於玩樂會招致禍患。

Q──會遇到令你動心的人。

K──最近會有喜事。

## （3）關鍵牌──梅花。

A──事情會朝你預計的目標發展。

2──對他人的批評不要計較。

3──運氣不好，對身體也有影響。

4──會發生內訌。

5──會有好點子。

6──為彼此失和而苦惱。

7──沒有賭運。

8──很需要別人幫忙。

9──長時間的辛苦終於有代價了。

10──要財運亨通，起頭是很重要的。

J──小心會忘記東西。

Q──不要干涉別人最好。

K──容易判斷失誤。

（4）關鍵牌——方塊。

A——會有麻煩纏身。

2——可能會生病。

3——情人背叛你。

4——和家人疏遠。

5——事情都很難成功。

6——獲得一線希望。

7——缺錢。

8——被情人厭惡。

9——失去財產。

10——會遇到扒手。

J——計畫會失敗。

Q——會受到別人嫉妒。

K——小心意外事故。

# 硬幣的舞蹈

人體自身的磁場能夠影響到身邊的事物，而如果潛意識中有著強烈意志的話，就能夠將這種磁場的力量擴大，進而在身邊的事物中反映出來。按照以下的方法操作，硬幣也能反映你的潛意識！

## 占卜方法：

（1）準備紙、筆、一枚硬幣、一根線。

（2）用線綁著硬幣；在紙上畫一個半圓，再畫一條豎線平分這個半圓；半圓的左邊寫上「否」，右邊寫「是」。

## 【解答】

半跪在紙前，用手拉著線，心中想著你要問的問題，然後左右擺動線，看最後硬幣的方向，就能知道答案了。

下篇

唵嘛呢叭咪吽，

all money goes to my home——

財運更比時運高

# 出生日看你是否天生帶財

　　其實，每個人的出生日期就部分決定了他的財運高低，有些日期出生的人，就是比其他人更容易在金錢上有所收穫，想知道你是不是天生帶財，那就看看下面最旺的五種生日數裡有沒有你。生日數就是你出生的日期，比如8月16出生的人，生日數就是16。

## 【解答】

### 第五名——生日數8

　　生日數為8的人天生財運很強，尤其是賭運極高，往往是大殺四方，中獎對他們來說簡直就是家常便飯。尤其是雙月分出生的人，即2、4、6、8、10、12這幾個月出生的人，財運比單數月出生的人更好。不過，生日數為8的人同時也是花錢高手，喜歡享受，豪爽大方，自己的生活一定要是最豪華的，同時對家人和朋友都特別的慷慨。不過

這類人對於剛交往的異性朋友卻非常吝嗇，大概是因為怕被騙吧！

## 第四名──生日數15

　　生日數為15的人有著強烈的物質慾望，天生就能感應到金錢的無窮魅力，也因此他們有著強烈的賺錢慾望，能夠獲得比別人多得多的財富。尤其是5、6、7月出生的人，對於金錢的慾望特別的強烈。只是，太過重視金錢和財富，會給人以貪婪與銅臭的印象，要注意克制喔！

## 第三名──生日數18

　　生日數為18的人聰明上進，又能夠踏實工作，能夠依靠自己的努力獲得不小的財富，而這樣得來的財富，穩定而不必擔心失去。尤其是屬馬和屬狗的人，是這類人中的佼佼者。另外，生日數為18的人不僅能夠創造財富，也很懂得享受財富，賺錢之餘，他們會經常旅遊散心，讓自己放鬆一下。

## 第二名──生日數28

　　生日數為28的人天生就是優秀的管理人才，很適合自己創業，加上天生的財運上佳，往往能創出一片天地，收穫不小的財富。尤其是屬虎、屬龍、屬蛇、屬豬的人，更為優秀。

## 第一名──生日數26

　　生日數為26的人天生就不必為錢操心，小時候家境優渥，長大後又能找到家產頗豐的另一半，完全不需要自己努力就能夠獲得大筆的財富。而偏偏這天出生的人極具領導者風範，長相和氣質甚佳，自身條件出色，完全是上天眷顧的寵兒。

# 貴人在何方

　　未來一個月，你的貴人在哪裡，從1到5這五個數字裡面選擇你想到的一個，就能知道了。

## 【解答】

### 數字1——貴人指數100分

　　你的貴人應該是平輩。未來一個月你的運勢很旺喔！貴人會一個接一個的出現，讓你順到不行。

### 數字2——貴人指數40分

　　你一向自信心破表，所以不願意向人請教，這種狀況還是改變才

好，因為未來一個月你的貴人是個能力不強，但很有經驗的人，如果你小看他而不去請教，損失的會是你喔！因為他絕對能給你意想不到的幫助。

## 數字3——貴人指數60分

你的能力是100分，運氣也是100分，但未來一個月你似乎情緒低落，此時不妨多向長輩或有相同經驗的人請教，將可以得到相當的慰藉。

## 數字4——貴人指數80分

貴人會在意外的時刻出現，除了路上會遇到不認識的貴人，你也可以往不同領域的方向尋找，會為你帶來轉機。

## 數字5——貴人指數20分

貴人不但遠離，甚至於當貴人來找你時，你還不領情。

# 小錢引大錢

　　錢幣除了可以買東西之外，也可以用來占卜喔！小小的錢幣，就可以知道你未來一個禮拜有沒有橫財運啦！

## 占卜方法：

　　準備1元、5元及10元的硬幣各1個，將它們放進口袋，然後隨意掏出一個，拍在手背上。記得要掏出你碰到的第一個硬幣，而不要選來選去。有圖案的硬幣為正面，而有數字的則為背面。

## 【解答】

A、1元。

正面：集體財運。

最近有財運，但必須是和人合夥才行，比如合買六合彩等行為，獨自一人則很難中獎。另外，合夥的人最好不要超過五個。

背面：牽累他人。

最近你財運低迷，很難有進帳，而且你最好不要和人賭博或合夥投資，否則還會連累他人，甚至有可能引發經濟糾紛，導致更大的困難。

B、5元。

正面：投資得利。

最近你身邊有帶財貴人出現喔！可以多參加聚會，有機會從朋友口中得到投資獲利的可靠消息，幫助你在短時間內有不錯的收穫。

背面：賺頭蝕尾。

最近千萬不可貪，要小心貪字變成貧，如果有小小收穫就要見好就收，不然會連本帶利輸光，偷雞不成蝕把米。

C、10元。

正面：財運亨通。

最近你偏財運旺到不得了，大到投資，小到與家人玩麻將，都是大殺四方的第一贏家。

背面：債臺高築。

如果不克制自己的賭博的話，可能會害你債臺高築喔！要記得即時抽身，否則是害人害己，輸掉的不只金錢，還有親情、友情及愛情。

# 你有百萬富翁命嗎？

　　人人都希望自己成為百萬富翁，但對大部分人來說，要成為百萬富翁可不是那麼容易的事，想知道自己會不會有百萬富翁那令人豔羨的財運，塔羅牌可以告訴你。

## 占卜方法：

　　四張塔羅牌（寶劍五、錢幣七、錢幣九、錢幣三）的背面，每張牌都有一個不同的符號，憑你的直覺選擇你最想翻開的那張牌。

## 【解答】

### A、寶劍五。

很可惜喔！你不會成為百萬富翁。因為你是個隨性的人，工作對你來說只是維持生活的必要手段，感情才是最重要的事情，所以雖然你有賺錢的能力，但你寧願把精力放到更喜歡的事上面，如果賺錢會影響到你的生活，你就會選擇不賺，因為你怕多事、怕麻煩。另外，你非常照顧家庭，就算賺了再多錢，你也會分給家人，如果家人負債，你也會幫著分擔債務。佩戴黑色的瑪瑙可以幫助你轉運，當你遭遇到財務危機的時候，將瑪瑙帶在身邊，情況就會好轉。

### B、錢幣七。

你有獲得百萬年薪的能力和運氣喔！你聰明機智，有著非凡的創造力，只要能夠積極一點，抓住適當的機會，就能夠獲得高薪的工作。你賺錢的黃金時間是25歲到35歲這段日子，因為這個年齡層的你已經累積了足夠的知識和能力，又有努力向上的行動力，能夠實現自己的夢想。而過了35歲之後，你的心境會漸漸改變，將生活的重心轉移到家庭上，對於事業的慾望會變得平淡。

### C、錢幣九。

你是那種有了把握才會去進行一件事的人，這樣的你比較穩紮穩打，不容易失敗，但也因此會在年輕時失掉一些機會。20多歲時候的你對於創業還沒有那麼渴望，你總是覺得戀愛、玩樂更吸引你，現在還不急，而直到35歲之後，當你有了穩定的家庭，你才會覺得需要為自己的家庭創造更好的物質條件，讓你產生賺錢的衝動。所以你的百萬財富

將會在35到45歲的時候到來。你可以佩戴孔雀石的飾品，它能夠讓你的頭腦平靜，使你克服不必要的擔心和恐懼，進而勇敢的面對人生的挑戰。

## D、錢幣三。

你是個保守而理性的人，這種性格讓你不適合創業，因此你的財富基本上是靠累積得來的。工作中你適合走專業人才型的發展道路，這樣隨著經驗的累積，能讓你成為極受歡迎的高級人才，薪水自然不會少。加上你平日是個相當節省的人，對自己要求嚴格，從不會胡亂花錢。而理財方面你也是踏實穩定型的，更看重長期的投資，而從不期望著短時間獲利的投機行為，這也讓你收益頗豐。所以，到了45到55歲的時候，你就擁有了自己的百萬財富。

# 未來一個月你可以發什麼財

想知道最近你在哪方面有財運嗎？看看下面的數字，你覺得你的直
覺讓你選擇哪個數字，就能知道你最近一個月的發財指數喔！

A、148

B、246

C、252

D、424

E、451

## 【解答】

**A、發財指數80分——時機財。**

　　只要能夠抓住時機，就可以跳槽成功，身價也會隨之水漲船高喔！

**B、發財指數60分——智慧財。**

　　只要在工作上好好努力，充分發揮你的聰明才智，那麼獲得財富也就指日可待了。

**C、發財指數100分——異性財。**

　　這段時間你的異性緣特別好，經常能夠收到對方送給你的各種禮物。

**D、發財指數40分——偏財運。**

　　最近你的財運都在投資上，可以意外的獲利，算是不錯了。

**E、發財指數20分——小財運。**

　　雖然發財指數不算太高，但總還是能有些小收穫會不期而至，讓你每天都很開心。

# 你是個理財高手嗎？

　　現在的人們都知道，沒有錢可是萬萬不行的，所以賺錢的能力也成為了衡量一個人能力的重要標準，你想知道自己的賺錢能力到底怎麼樣嗎？塔羅牌可以告訴你。

## 占卜方法：

　　塔羅牌錢幣10的圖中，你覺得其中的人物所站立的是什麼地方？

　　A、公園

　　B、廣場

　　C、海邊城堡

　　D、說不清楚

## 【解答】

A、和許多許多的人一樣，你也是很重視金錢的人，但是就和其他人一樣，你的賺錢能力也只是平平。因為你是個很安於現狀的人，沒有太大的野心，因此對於賺錢的方法和途徑、敏感度還遠遠不夠，若是想實現自己的理想，還需要多多磨練。

B、你在賺錢能力方面非常有潛質，因為你有著堅定的目標，有敏銳的

判斷力和決斷力，善於學習，因此能夠讓你適時的抓住機會，獲得成功。隨著年齡的增長，你的賺錢能力也會與日俱增，只要你堅持自己的想法，最後就能成為一名富有的人。

C、你是個感性的人，金錢對你來說並不是生命中最重要的事情，你覺得活得開心比賺很多錢要重要得多。所以在賺錢能力方面，也許你並不缺少智慧和頭腦，但你卻缺乏強烈的企圖心和勤奮求進的意志力，既然不想自己生活得太累，那麼你也就很難獲得大筆的收入了。

D、你是個很現實的人，從來不幻想什麼，你覺得生活是靠自己的努力得來，付出多少就能獲得多少。你的性格比較保守，因此賺錢能力也一般，尤其是投機或是太新的行業投資都不適合你。

# 出生日期揭露破財指數

　　出生日期能夠知道你財運高低，當然也能揭示出你的破財指數，想知道你今年會不會破財，不妨測一測！

## 占卜方法：

（1）計算你的生命靈數還記得演算法嗎？將你的出生日期的數字相加，一直加到只剩個位數為止。比如1993年5月16日出生的人，那就是1＋9＋9＋3＋5＋1＋6＝34，3＋4＝7，那麼生命靈數就是7。

（2）計算你的信用卡靈數。和上面的演算法相同，將所有的數字相加，一直加到十以內個位數為止，所得到的數字就是信用卡靈

數。

（3）計算流年數。流年數與上面的靈數演算法相同。比如2009年，那
　　　麼流年數就是2＋0＋0＋9＝11，1＋1＝2，那麼流年數就是2。

（4）將你的生命靈數、信用卡靈數和流年數按照上面的方式相加，最
　　　後得到的數字就是你的破財指數了。

## 【解答】

破財指數1：你是個衝動型消費者，只要是自己喜歡的東西，不論要花
　　　　　費多少，都會千方百計收入囊中。就算你想要東西的價格
　　　　　明明在你的承受能力之外，你還是會想，錢可以再賺，可
　　　　　東西沒了就買不到了，於是衝動地把它買下，結果欠下一
　　　　　大筆的卡債，令你焦頭爛額。還是試著克制自己的購物慾
　　　　　吧！做個理性的消費者。

破財指數2：你最捨得花錢的地方就是吃喝了，只要是美食，花多少錢
　　　　　你也不覺得可惜，因為吃進肚子裡的是最划算的。而在其
　　　　　他方面，你就保守得多了，對於這些開銷你會考慮再三，
　　　　　非常節省。而這樣的性格同樣也反映在投資上，其實你算
　　　　　是個理財高手，但卻不會考慮那些高風險的投資項目，而
　　　　　總是選擇穩紮穩打的理財計畫。

破財指數3：你喜歡一切新鮮的東西，比如剛剛推出市面的新產品，就
　　　　　會讓你產生一定要擁有它的想法，毫不猶豫掏出錢包。喜
　　　　　新厭舊的性格讓你絕對不考慮自己的實際需要，大肆購買
　　　　　其實你已經擁有的同類型產品，於是家裡多了一大堆的東

西，而你的卡費也成為了你最大的負擔，讓你不得不為當初的衝動負責。

破財指數4：你對於金錢的觀念非常的理性，花錢保守，很清楚自己能夠動用的金錢的底線，花得多一點都會讓你覺得不安。甚至你通常不會在身上攜帶太多的金錢，以避免衝動消費的可能，所以基本上不會有負債累累的可能啦！不過，如果遇到了保值或升值可能性高的東西，你會很捨得花錢。

破財指數5：你花錢毫無節制，從來不管自己有多大的購買力，只要想花的時候就毫不猶豫。而且你很要面子，又愛和人比較，只要別人都有的東西你就一定要有，甚至一定要比別人的好。買東西總是不甘落於人後，只要被別人一捧，就算是自己沒有用的東西也會爽快地買下，於是只好財去人安樂，苦水自己吞。

破財指數6：你是個非常理智的人，買東西時都是量力而為，就算是自己喜歡或需要的東西，你也不會輕易買下，而是會貨比三家，詳詳細細的比較價格、功能等方面，最後選擇物美價廉的那一個。這樣的你毫無衝動消費的可能，基本上是不可能產生經濟危機的。

破財指數7：你總是喜歡那些時尚高雅的東西，但偏偏這些東西都價值不菲，而且你的購物心理往往起伏不定，面對喜歡的東西，一時你會覺得非要擁有它不可，一時你又會理智的告訴自己其實你並不是那麼需要它，就這樣在買與不買中掙扎不定，不知道什麼時候就讓慾望戰勝了理智。所以，當

你的購物慾再次興起的時候，多給自己一些考慮的時間，就可以避免買完後悔了。

破財指數8：你對喜歡的東西絕不放棄，就算暫時沒有能力購買，也會拼命地賺錢存錢，直到有能力將它收入囊中為止。只是人的慾望那麼多，想要的東西也太多了，所以有時候還是放鬆一點，不要對身外物念念不忘，這樣才不會存錢存的這麼辛苦，買不到時又心情沮喪。

破財指數9：你是個實用享樂主義者，對於自己想要的東西一向不會猶豫，而且你很容易被人群影響，本來沒有購物計畫，結果一看到大家都在拼命搶折扣之類的話，你也會毫不猶豫的衝進去大買特賣，於是不知不覺就花費不少。所以沒錢的時候你還是乖乖待在家裡，避免逛街時的衝動吧！另外少交些酒肉朋友也是控制開銷的好辦法，畢竟你太容易被人影響了。

# 最近有沒有飛來橫財

　　想知道財運很簡單，從錢包隨意拿出來的硬幣就可以反應你現在的經濟狀況，還可以知道最近該怎麼用錢喔！

## 占卜方法：

　　閉上眼睛，隨便拿出3枚硬幣來放在眼前，然後默想第一枚的是正面還是反面，第二枚的發行年分是奇數或偶數，第三枚是正面還是反面。

## 【解答】

正＋偶＋正：花錢有浪費傾向，小心把卡刷爆或超出預算。玩牌也沒有

好運氣。

正＋奇＋正：父母會給你經濟支援，買東西有賺到了的感覺。抽籤的運氣也不錯。

反＋偶＋正：花錢會有物超所值的感覺。和朋友吃飯的話可能會慷慨買單。

反＋奇＋正：美食、衣服、配件是敗家三要素，花錢之前先想想有沒有那個價值。

正＋偶＋反：今天的眼光特別準確，所以很適合挑選首飾或美術品等高價品。

正＋奇＋反：最適合逛街，網上購物也不錯。但小心不要為了貪便宜而損失更多。

反＋偶＋反：節省為上策。不要和人有金錢糾紛。今天開始很適合存錢。

反＋奇＋反：好點子能幫你賺錢。交際費可能會超出預算。

# 你會欠下什麼債

　　佛家說人人到世界上都是來還債的，想知道你會欠什麼債嗎？在下面的五個數字中任意選擇一個。

　　A、132

　　B、664

　　C、658

　　D、552

　　E、612

## 【解答】

A、欠債指數40分

你欠的是錢債喔！不過幸好欠債指數不高，說明這個債務不會逼得你走投無路，最多只是讓你壓力更大而已。讓壓力促使你去努力，未嘗不是一件好事。

## B、欠債指數20分

你欠的是工作債。手頭上的工作一直做不完，還不斷有新的工作交到你手上，讓你忙不過來。不過也不用太擔心，其實你需要的只是一點點時間而已。

## C、欠債指數0分

恭喜，你什麼債都沒有欠。

## D、欠債指數60分

你欠的是親情債。父母對你全心全意的付出，現在應該是你回報他們的時候了，好好努力，給父母溫暖而安定的生活吧！

## E、欠債指數80分

你欠的是健康債。趕快看看自己是不是因為工作太忙忽略了健康問題，其實你的身體已經偷偷開始抗議了，為了自己的健康著想，快去看看醫生，讓自己放鬆一點囉！

# 最近的中獎運怎麼樣？

　　很多人都喜歡買彩券，希望有朝一日幸運能夠降臨到自己身上，但畢竟幸運的人永遠都是少數，不過，占卜一下最近的財運，能夠讓你的成功率更高。

## 占卜方法：

　　準備一至八的八張撲克牌，將牌洗好，依次一字排開，背面朝上放置。閉上眼睛，心中想著要中獎要中獎，然後睜開眼睛在面前的八張牌中任意選擇一張，這張牌就預示著你最近的中獎運如何。

## 【解答】

### （1）牌面Ａ

最近你的手氣正旺喔！基本上沒有失手的可能，搞不好頭獎就是你的了。這個時候不妨稍稍加大投注，就能增加你可能中獎的機會。不過要記得的是，一旦贏了就要見好就收，否則就得不償失了。

### （2）牌面2

你總是期待著自己能夠中獎，就算它一直讓你失望，你還是會懷抱著希望繼續。你很難與大獎有緣，但因為你的堅持，不時小小的收入還是很有機會的，而且你很滿足於這樣的生活。

### （3）牌面3

你的運氣時高時低，一會兒輕輕鬆鬆地贏了不少，一會兒又莫名其妙地輸了很多，若是能學會適時住手，贏錢之後立刻收手，那才是真正是落袋為安。另外，贏了錢最好是別借給別人，否則恐怕是有去無回。

### （4）牌面4

最近的財運很差，投入多少就輸多少，總之是毫無贏面，所以最近還是安下心來做事好啦！等到財運再起的時候復出也不遲。

### （5）牌面5

你贏過，也輸過，結果到頭來根本不知道自己是輸是贏，所以要獲得長久的收益，還是先整理一下自己過去的投入和產出情況，讓自己有個清晰的認識，這樣才不至於糊裡糊塗的輸了身家。

## （6）牌面6

未來一週裡你的財運都很低，而且低到了谷底，就算再想搏一把，最好還是先兌制自己的慾望吧！否則可能輸到生活都有問題，弄到負債累累就不划算了。

## （7）牌面7

就是一點點的猶疑讓你和大獎擦身而過，可能就是你想挑卻偏偏沒有挑的號碼開出了大獎，讓你追悔莫及，選擇的時候不妨相信自己第一次的直覺，反正就算輸了也不會有太大的損失。

## （8）牌面8

最近你的財運不佳，要中獎恐怕是很難了，不過也不必灰心，等到下週的時候，你的財運會開始提升喔！只要耐心一點，總是會有機會的。

# 清掃看你的理財指數

當你對家裡進行清掃時，你會先丟掉哪種沒用的東西呢？

A、舊衣服

B、過期的書報雜誌

C、零碎的小東西

D、體積過大的老電器

## 【解答】

A、雖然你賺錢的能力很強，可惜花錢的本事更強，因為你喜歡一切新鮮的事物，對已經屬於自己的東西又很容易厭倦，是個很會敗家的類型喔！

B、你從不亂花錢，總是量入為出，可惜你並不是善於賺錢的人，很少
　考慮如何開源。

C、你是個名副其實的理財大師，會不斷尋找好的理財方式，而且買東
　西之前都會認真考慮自己的需要才決定買不買，理財指數極高。

D、你是個衝動型的人，常常會購買些自己原本不需要的東西，偏偏又
　不善於開闢財源，所以讓人來幫你管帳比較好。

國家圖書館出版品預行編目資料

全世界都在玩的自我占卜遊戲（上）／腦力＆創意工作室編著.
第一版——臺北市：宇河文化 出版；
紅螞蟻圖書發行, 2010.3
面；　公分.——（新流行；22）

ISBN 978-957-659-761-9（平裝）

1.占卜
292.96　　　　　　　　　　　　　　　　　　98002964

新流行 22

# 全世界都在玩的自我占卜遊戲（上）

編　　著／腦力＆創意工作室
美術構成／Chris' office
校　　對／楊安妮、朱慧蒨
發 行 人／賴秀珍
榮譽總監／張錦基
總 編 輯／何南輝
出　　版／宇河文化 出版有限公司
發　　行／紅螞蟻圖書有限公司
地　　址／台北市內湖區舊宗路二段121巷28號4F
網　　站／www.e-redant.com
郵撥帳號／1604621-1　紅螞蟻圖書有限公司
電　　話／(02) 2795-3656（代表號）
傳　　真／(02) 2795-4100
登 記 證／局版北市業字第1446號
港澳總經銷／和平圖書有限公司
地　　址／香港柴灣嘉業街12號百樂門大廈17F
電　　話／(852) 2804-6687
法律顧問／許晏賓律師
印 刷 廠／鴻運彩色印刷有限公司
出版日期／2010年3月　第一版第一刷

定價250元　港幣83元
ISBN 978-957-659-761-9
Printed in Taiwan